国家示范性高等职业院校课程改革教材

Jiuqiao Jiagu Jishu

旧桥加固技术

匡希龙　谢海涛　主　编
唐　立　李秀东　主　审

人民交通出版社

内 容 提 要

本书为"国家示范性高等职业院校课程改革教材"之一。全书以六个典型的旧桥加固案例内容为基础,系统介绍了旧桥加固技术。全书包括九个学习单元,分别为:绪论、桥梁常见缺陷、桥梁结构质量检查、粘贴钢板加固法原理与施工要点、纤维加固法原理与施工要点、增大截面加固法原理与施工要点、体外预应力加固法原理与施工要点、桥面系维修加固改造、桥梁地基及墩台基础加固。各单元主要围绕"学习要求"、"知识目标"和"能力目标"展开内容,单元结尾附有小结和思考题。

本书可作为高职高专道路桥梁工程技术专业及其相近专业的教材,亦可供从事旧桥加固相关工作技术人员参考使用。

图书在版编目(CIP)数据

旧桥加固技术/匡希龙,谢海涛主编.—北京:人民交通出版社,2010.3

ISBN 978-7-114-08287-0

I.①旧… II.①匡… ②谢… III.①桥—加固 IV.①U445.7

中国版本图书馆 CIP 数据核字(2010)第 040535 号

国家示范性高等职业院校课程改革教材

书　　名:旧桥加固技术
著 作 者:匡希龙　谢海涛
责任编辑:黎小东
出版发行:人民交通出版社股份有限公司
地　　址:(100011) 北京市朝阳区安定门外外馆斜街 3 号
网　　址:http://www.ccpress.com.cn
销售电话:(010) 59757973
总 经 销:人民交通出版社股份有限公司发行部
经　　销:各地新华书店
印　　刷:北京市密东印刷有限公司
开　　本:787×1092　1/16
印　　张:6.5
字　　数:147 千
版　　次:2010 年 3 月　第 1 版
印　　次:2015 年 7 月　第 3 次印刷
书　　号:ISBN 978-7-114- 08287- 0
定　　价:16.00 元
(有印刷、装订质量问题的图书由本社负责调换)

序　言

我院在长期的办学实践中，不断深化教育教学改革，先后与80多家大中型企业开展合作办学，探索出了“订单”培养、“秋去春回、工学交替”等人才培养模式，毕业生深受用人单位的欢迎，实现了学校、企业、学生的“共赢”。在校企合作中，我们深刻体会到，要真正实现“技能训练与岗位要求对接、培养目标与用人标准对接”，就必须有一套工学结合的教材，于是就有了与企业技术骨干一起编写教材之愿望，随后几年，各种讲义、校本教材不断涌现。

教育部《关于全面提高高等职业教育教学质量的若干意见》中指出：“高等职业院校要积极与行业企业合作开发课程，根据技术领域和职业岗位(群)的任职要求，参照相关的职业资格标准，改革课程体系和教学内容。”“与行业企业共同开发紧密结合生产实际的实训教材，并确保优质教材进课堂。”2007年，我院被正式列为第二批国家示范性高等职业院校建设单位，开发“工学结合特色教材”作为国家示范重要建设项目，被郑重地写入了建设任务书。

三年来，各教材主要撰写人带领团队成员，深入“订单”企业调研，广泛听取企业、学生、职教专家等多方人士意见，并结合国外先进的职教经验，遵循基于工作过程导向的课程开发理念，夙兴夜寐，多易其稿，进一步丰富了原讲义的内容，并付诸教学实践。正是有了各专业教学团队的辛勤耕耘，这套工学结合的系列教材才得以顺利付梓。在这里，我要道三声感谢：感谢国家示范建设项目的实施给我们提供了千载难逢的参与机会，感谢各位行业、企业专家的悉心指导，感谢各位老师、主要撰稿人为之付出的劳动。

诚然，由于我们课程开发的理论功底不深，深入实践的时间有限，教材中错误也在所难免。正如著名职教专家姜大源在国家示范性高等职业院校建设课程开发案例汇编《工作过程导向的高职课程开发探索与实践》序言中所说：“这只是一部习作。习者，蹒跚学步也。”它“虽显稚嫩，却是新起点”。诚恳希望各位同行、专家批评指正。

工学结合是职业教育永恒的主题。即将颁布和实施的《国家中长期教育改革和发展规划纲要(2010~2020)》对大力发展职业教育做出了许多重大举措，特别提出了制定校企合作法规，调动企业参与职业教育的积极性。可以说，职业教育将迎来又一个新的春天。欣逢盛世，责任重大。我们将一如既往的加强与企业的合作，积极探索多种形式的职业教育模式，开发适应企业和市场需求的专业教材，努力培养更多的高技能人才，为实现我国从人力资源大国到人力资源强国的转变做出应有的贡献。

路漫漫其修远兮，吾将上下而求索。

是为序。

王章华

2010年3月于岳麓山下

(王章华为湖南交通职业技术学院院长、教授，中南大学硕士生导师)

前　　言

在现有公路上，数以万计的旧桥，尤其是20世纪80年代以前修建的桥梁，由于设计荷载标准低，承载能力不足，宽度不够，加之年久失修、养护不够，相当多的桥梁发生了不同程度的破损，正逐步成为危桥，成了不断提升技术等级的公路上的“卡脖子”路段。

对于不能适应现代交通运输的桥梁，如果全部拆除重建，不仅资金耗费巨大，而且在时间上也不允许。因此，需要不断加强现有桥梁的维修、养护、加固与改造，恢复其设计承载能力或提高荷载标准，延长其使用年限，保障公路建设的可持续发展。在公路建设中，各级交通主管部门要积极贯彻“建养并重”的方针，将桥梁的检查、维修、加固与改造工作列入议事日程，及时发现桥梁发生的病害和出现的缺陷，并及时维修、加固补强，防患于未然，加快旧、危桥整治、加固的步伐，确保交通畅通和发展。加固旧、危桥，恢复和提高其承载能力，使其继续为现代交通运输服务，可以给国家带来巨大的社会效益和经济效益。

“旧桥加固技术”也随之成为桥梁工程中的一门新兴学科，它必将为旧桥加固提供更多、更新、更现代的施工工艺和设计理念，培养出大量的旧桥加固人才，为我国的桥梁事业的发展做出应有的贡献。

该教材主要围绕6个典型的旧桥加固案例组织教学，如：以苏州河河南路桥加固工程为例，介绍粘贴钢板法加固的施工技术和质量控制；以唐通线义井大桥为实例，讲解增大截面加固法。

全书由9个学习单元组成，各单元主要围绕“学习要求”、“知识目标”及“能力目标”展开内容，单元结尾附有小结和思考题。

本书单元1、2由湖南交通职业技术学院马晶编写，单元3由湖南交通职业技术学院曾婧编写，单元4、5由湖南交通职业技术学院匡希龙编写，单元6由湖南交通职业技术学院杨一希编写，单元7由湖南交通职业技术学院夏晓慧编写，单元8、9由湖南省高速公路管理局谢海涛编写。全书由匡希龙、谢海涛主编，唐立、李秀东（中铁十四局）主审。

限于编者水平和实际经验有限，书中错漏和不足之处在所难免，敬请使用本教材的老师和读者批评指正。

编　者

2010年2月

目　　录

单元1 绪　　论

【学习要求】 本单元从国内外桥梁现状出发，结合桥梁的发展状况，提出了旧桥加固的迫切性。根据旧桥加固的目的，结合国内外常用的施工工艺，概述了桥梁加固的基本内容及常用的方法。通过本单元的学习，学生重点掌握桥梁加固的常用方法并理解桥梁加固的基本内容，为获取桥梁养护工岗位证书打下基础。

【知识目标】 1. 了解旧桥加固与技术改造的主要工作内容；
2. 理解旧桥加固的设计原则；
3. 掌握桥梁加固改造常用的方法。

【能力目标】 1. 能准确区分桥梁加固工程中的养护与加固工作；
2. 能正确运用桥梁加固工程中的施工方法。

1.1　问题的提出

桥梁不仅是一个国家文化的象征，更是生产发展和科学进步的写照。改革开放以来，我国公路建设进入了以高速公路为标志的快速发展阶段。随着国家实施积极的财政政策，公路投资力度不断加大，公路建设更是以前所未有的速度向前发展。这对改善投资环境，促进经济发展，起到了关键的作用。

我国的桥梁建筑在历史上是辉煌的，古代的桥梁不但数量惊人，类型也丰富多彩，几乎包括了所有近代桥梁中的最主要形式。所用的材料多是一些天然材料，例如土、石、木、砖等。根据历史考证，在三千年前的周文王时代，就有在渭河上架设浮桥和建造石桥的文字记载。隋唐时期，是我国古代桥梁的兴盛年代，在桥梁形式、结构构造方面都有很多创新，隋朝修建的赵州桥至今仍保存完好。但自 1840 年鸦片战争以后，桥梁的发展便停滞不前。新中国成立前，我国的交通落后，可供通车的公路里程很少，质量低劣，公路桥梁绝大多数为木桥，年久失修，到新中国成立时已经破烂不堪。

新中国成立后，我国的公路建设事业突飞猛进，桥梁建设取得了很大的成就。2002 年以来，我国汽车增长速度惊人，国民消费结构开始向住、行升级。随着我国城镇化水平的提高，公路客货运输量将显著增长，我国目前处于工业化的发展期，集装箱流量增加，这些，都导致了桥梁交通运输量和车载的增加。由于最近几年自然灾害较多以及一些人为的因素，导致了大量的桥梁处于恶劣的运营环境，加速了桥梁的老化，降低了桥梁的承运能力。

在现有公路上，数以万计的旧桥，尤其是 20 世纪 80 年代以前修建的桥梁，由于设计荷载标准低，承载能力不足，宽度不够，加之年久失修、养护不够，相当多的桥梁发生了不同程度的破损，正逐步成为危桥，成了不断提升技术等级的公路上的“卡脖子”路段。

对于不能适应现代交通运输的桥梁，如果全部拆除重建，不仅资金耗费巨大，而且在时间上也不允许。因此，需要不断加强现有桥梁的维修、养护、加固与改造，恢复其设计承载能力或提高荷载标准，延长其使用年限，保障公路建设的可持续发展。在公路建设中，各级交通主管部门要积极贯彻“建养并重”的方针，将桥梁的检查、维修、加固与改造工作列入议事日程，及时发现桥梁发生的病害和出现的缺陷，并及时维修、加固补强，防患于未然，加快旧危桥整治、加固的步伐，确保交通畅通和发展。加固旧危桥，恢复和提高其承载能力，使其继续为现代交通运输服务，可以给国家带来巨大的社会效益和经济效益。

由于国内为公路网络的日趋完善，作为公路关键点的桥梁也日趋完善，而桥梁由于存在使用现状与设计时的矛盾，如车流量的增加、车重的增加，以及运营环境的改变等，开始出现了承载力不足或者提前衰老的症状，而推倒旧桥重建新桥首先会中断交通，且会造成大量的浪费。据国外资料介绍，旧桥的加固费用仅为新建桥梁的10% ~20%，而我国梁桥加固费用为30% ~40%，拱桥加固费用为20% ~30%，故旧桥加固可以显著地提高社会的经济效益，而"旧桥加固技术"也必然会成为桥梁工程中的一门新兴学科，为旧桥加固提供更多的更新的更先进的施工工艺和设计理念，并培养出大量的旧桥加固人才，为我国的桥梁事业的发展做出应有的贡献。

1.2 桥梁加固的基本内容

桥梁加固，就是通过一定的措施，使构件乃至整个结构的承载能力及其使用性能得到提高，以满足新的要求，也就是要针对桥梁所发生的不能满足继续使用的状况进行处理。其加固原则如下：

(1)桥梁结构由于结构失效或损伤，经评估不能满足结构安全或正常使用要求时，必须进行加固。加固设计的内容及范围，应根据评估结论和委托方提出的要求确定，可以包括整体桥梁，也可以是指定的区段或特定的构件。

(2)建立既有桥梁维修、加固、重建的经济分析模型，通过分析比较，选择技术可行、经济合理、对现有交通干扰较小的方案实施，以保证改造后的桥梁能安全运营。

(3)根据需要改造桥梁的评估结论及经济分析，当得知现有桥梁可以通过加固、维修达到使用要求的结论后，再提出桥梁加固的设计方案。

(4)对于大桥、特大桥，其主要承重构件需要加固补强时，加固设计方案应不少于两个，以便进行方案比选和经济评估，选择最佳加固方案。

(5)加固设计及施工应尽量不损坏原结构，保留具有利用价值的构件，避免不必要的拆除或更换。

(6)加固设计应与施工方法紧密结合，并采取有效措施，保证新老结构连接可靠、协同工作。

(7)加固设计应按结构实际损坏情况进行计算。

(8)在加固施工中，应尽可能减少对桥上和桥下的通行车辆及行人的干扰，应采取必要的措施，减少对周围环境的污染。

(9)在加固施工过程中，若发现原结构或相关工程隐蔽部位的构造有严重缺陷时，应立即停止施工，会同加固方案设计者进行研究，待修改加固方案后，方能继续施工。

(10)加固施工中，应采取安全监测措施，确保人员及结构安全。

桥梁加固主要包括桥梁养护与维修、桥梁加固与技术改造两方面的内容。

1.3 桥梁养护与维修

(1)桥梁上部结构的养护与维修：桥面铺装的表面清洁，破损栏杆的修补与更换，排水设施的疏浚，混凝土裂缝的修复等；

(2)桥梁下部结构的养护与维修:保持墩台的表面整洁,及时清除表面杂物,采取措施保持桥梁基础附近河床的稳定,经常检查、维护防撞、警示等附属设施,使其保持良好状态等;

(3)桥梁支座的养护:钢制构件的防锈,滚动支座的定期涂润滑油,橡胶支座所在墩台表面积水的清除,锚栓的坚固程度的检查等;

(4)桥梁的定期检查;

(5)桥梁超重车辆和履带车的通行控制;

(6)桥梁技术资料管理,桥梁档案资料的建立和保存。

1.4 桥梁加固与技术改造

(1)桥梁上部结构的加固与技术改造,如增厚桥面板、体外预应力加固等;

(2)桥梁下部结构的加固与技术改造,如补桩加固法等;

(3)拓宽桥梁的行车道和人行道;

(4)提升桥梁上部构造的高度;

(5)桥梁行车道面或引道路面结构的改善;

(6)更换桥梁结构物。

1.5 桥梁加固常用的方法

1.5.1 上部结构加固方法

1)加厚桥面板加固法

即在桥面板上加铺一层钢筋混凝土面层,使其与原有主梁结合成整体,达到加厚主梁高度和增大梁的抗压截面,以改善桥梁荷载横向分布能力,从而达到提高桥梁的承载能力的目的。

特点:施工简单、承载力提高不显著;需设置连接钢筋和钢筋网;利于在抗压截面较小的场合使用;浇筑后混凝土需养护,故需对交通加以限制。

2)增加梁截面和配筋加固法

即在梁底面或侧面,加大混凝土截面(增强主筋),使梁抗弯截面加大,提高梁的承载能力。

特点:凿除工作量大,常需搭设脚手架;加固效果显著,适用于梁及拱肋的强度、刚度、稳定性和抗裂性能不足的桥梁加固。

3)粘贴钢板(筋)加固法

即用环氧树脂类黏结剂,将钢板(或槽钢)黏结锚固在混凝土结构的受拉缘或薄弱部位,使其与结构形成整体,以钢板代替钢筋作用,提高梁的承载能力。

特点:不需破坏被加固的原结构的尺寸;施工工艺简单,工期短,适用于主梁承载力不足或纵向主筋出现严重腐蚀时的情况。

4)粘贴碳纤维布加固法

即用浸渍树脂类胶将碳纤维布有序地缠绕黏结于混凝土构件表面,实现对构件变形的约束,提高构件的极限强度和承载能力。

特点:不增加永久作用及断面尺寸;可适应不同构件形状;对原结构不产生新的损伤。

5)锚喷混凝土加固法

即借助高速喷射机械，将新混凝土混合料连续地喷射到已锚固好钢筋网的受喷面上，凝结硬化而形成钢筋混凝土，从而增大桥梁的受力断面和补强钢筋，加强结构的整体性，使其能承受更大的外荷载作用。

特点：施工快速简便、不中断交通；设备与工序简单；阻止原裂缝继续发展和产生新的裂缝。

6)改变结构受力体系法

即通过改变桥梁结构受力体系，达到提高桥梁承载能力的目的。

特点：减小了桥下净空，必须考虑桥梁排泄能力和通航影响；支点处产生负弯矩，故需进行受力验算；常用于临时通过超重车辆的应急措施。

7)体外预应力加固法

由于钢筋混凝土或预应力混凝土梁或板，采用对受拉区施以体外预应力加固，可以抵消部分自重应力，起到卸载的作用，从而能较大幅度地提高梁的承载能力。

特点：在自重变化很小的情况下，能大幅度改善和调整原结构的受力情况；对墩台及基础受力状况影响很小。

8)增设纵梁加固法(拓宽改建)

在墩台地基安全性能好，并具有足够承载力的情况下，可采用增设承载能力高和刚度大的新纵梁，新梁与旧梁相连接，共同受力。

特点：必须做好新旧梁之间的横向连接；基础承载力不够时，必须同时对基础采取加固措施。

1.5.2 下部结构加固方法

1)扩大基础加固法

即扩大桥梁基础底面积。

特点：使用于基础承载力不足或埋深太浅，而墩台又是砖石或混凝土刚性实体式基础时的情况；扩大面积应由地基强度验算确定；新旧基础应注意牢固结合。

2)增补桩基加固法

即在桩式基础的周围补加钻孔桩或打入钢筋混凝土预制桩并扩大原承台。

特点：不用抽水筑坝等水下施工作业，且加固效果显著；对桥头原有架空路线及陆上、水上交通均有一定影响。

3)钢筋混凝土套箍或护套加固法

当桥梁墩台由于基础埋置深度不够，或因施工质量控制不严等原因，导致墩台开裂破损时，有时会出现贯通裂缝，可采用钢筋混凝土围带或钢箍进行加固。加固时，一般在墩身上中下分设三道围带，其间距应大致相当于桥墩侧面的宽度。每个围带的宽度，则根据裂缝的情况和大小而定，一般约为墩台高度的1/10，厚度采用10~20mm。当墩台损坏严重，如有严重裂缝及大面积表面破损、风化和剥落时，则可采用围绕整个墩台设置钢筋混凝土护套的方法(穿裤子)进行加固。

4)旋喷注浆法

即在墩台基础的襟边或底板钻孔,旋喷圆柱形固结体,并和原基础连成整体,以达到加固目的。

特点:固结体和原土层共同受力;固结体的形变模量较土层大很多;固结体和土体的受力在时间上不同步,一般是土体达到或接近极限强度以后,固结体才开始受力。

5)墩台拓宽方法

即利用旧桥基础,靠墩台盖梁挑出悬臂加宽部分,一边安装加宽的上部结构。

特点:只加宽盖梁;旧桥墩台必须完好、稳定,且需经过承载力验算后才能采用。

6)桥台滑移倾斜的处理方法

即平衡桥台后壁的土压力,以抵御过大的土压力。处理措施有:台前设横撑,台后增建辅助挡墙,台后填土处置等。

特点:仅在同一持力层上台前或台后采取相应措施。

【小知识】 桥梁加固的意义对旧桥、危桥的加固维修,以及如何提高其承载力的问题研究、试验与推广,是非常有必要的。有关资料表明,当前有些交通发达的国家,桥梁建设的重点已放到了对旧桥的加固与改造方面,而新建桥梁已降为次要地位。

在地震烈度八度以上(含八度)地区的桥梁,应按照抗震能力不低于八度的标准设防。

【本单元小结】 旧桥加固在桥梁的舞台中逐渐占据了重要的地位,很多学校都开设了《旧桥加固技术》这门课程。由于旧桥加固带来的经济效益远超过建设新桥,因此,旧桥加固在桥梁施工中具有很大的潜在市场。学好这门课,能很大程度地提高将来在岗位中的就业优势。本单元阐述了桥梁加固与技术改造的基本内容和加固方法,使得学生对本门课程所要掌握的内容和开设这门课的必要性有一定的认识。

【思考题】

1. 桥梁是否只有承载能力不足的情况下才需要加固?
2. 桥梁养护维修的内容包括了哪些内容?
3. 桥梁加固会成为一门重要性课程吗?

单元2 桥梁常见缺陷

【学习要求】 本单元详细阐述了桥梁常见的缺陷以及各种缺陷产生的原因，并从梁桥上部结构、拱桥上部结构、桥梁下部构造、支座、伸缩缝、桥面铺装等方面，详细介绍了病害及产生原因的分析。本单元重点是了解桥梁常见的缺陷之裂缝以及裂缝产生的原因、桥面铺装常见的病害及产生原因、支座常见的病害及产生原因、伸缩缝常见的病害及产生原因，其中桥梁结构常见的裂缝及产生原因、支座常见的病害及产生原因是本单元的难点。

【知识目标】 1. 了解各种裂缝所处的位置并分析产生的原因；

2. 掌握各种裂缝处理的常规方法。

【能力目标】 1. 能根据裂缝产生的原因及裂缝的发展规模，分辨出工程中哪些裂缝是有害的，哪些裂缝是无害的；

2. 能制订桥面铺装、支座和伸缩缝的简单维修方案。

在地质勘察、设计、施工过程中，由于一些可预见或不可预见的因素，如施工质量不合格、设计计算错误等，使得桥梁具有先天性的病害。在营运过程中，由于营运环境的影响、各构件在荷载作用下的反复疲劳损伤、交通事故的发生、交通流量的增加以及车辆荷载等级的提高等原因，桥梁会产生后天性的病害。本单元对桥梁病害的成因进行分析和研究，为后续学习打下基础。

2.1 桥梁承载能力的不足

桥梁承载能力不足的原因有很多，主要表现在以下几个方面：桥梁设计荷载偏低、设计原因、施工原因、外界因素等。

2.1.1 桥梁设计荷载偏低

桥梁是公路的主要组成部分，其承载能力是由当时的桥梁设计荷载确定的。尽管建设桥梁时，考虑了当时当地远景经济发展和社会诸多方面的需求，采取当时最先进技术和材料，但仍然难以摆脱历史的局限性。随着科技进步、社会工业化水平提高，车辆载重量增大，车速相继提高，人们对公路服务水平也提出新的要求。但是，早期建设的桥梁，由于当时车载重量、车速等的制约，其设计荷载对应今日之交通要求来说偏低，这影响了交通，特别是大型、重型车的通行。

2.1.2 设计原因

1）设计理论的不完善

设计人员在设计时，一般都以理论图式来进行计算。理论图式把实际受力进行了简化，而且在计算过程中大部分都以构件是否满足极限状态允许的应力要求，忽略了荷载引起的疲劳效应而导致的渐趋破坏，以及次应力导致的破坏。这样，就缩短了桥梁的使用寿命，且降低了桥梁的安全系数。

2）结构不合理

桥位选址完毕后，在进行桥梁方案比选时，未全面考虑到各种潜在因素。如一味追求经济效益，而未充分考虑到水文地质情况，这些可能导致桥梁跨径的划分上的不合理，导致桥梁在运营过程中产生较大的挠度等。

3）设计经验的不足

在设计的过程中，由于设计人员经验的不足，未考虑到施工对桥梁的影响，安全系数不够，这些都会导致桥梁承载能力的降低。

4）施工图纸的不完善

设计单位在施工图中标注不细致，某些关键部位如钢筋的接头、绑扎位置等，甚至某些部位钢筋的根数等都未标出，这些都会导致施工人员在施工中出现一系列的问题，从而降低桥梁的安全性能。

2.1.3 施工原因

即使设计完全无误，设计图纸完整，也会有很多桥梁出现承载力偏低的情况，原因就在于施工过程中出现了一些不利因素。

1）材料质量问题

由于各种原因，导致桥梁施工过程中所使用的材料达不到规范要求，如钢筋直径不足、钢筋抗拉强度不够、混凝土未达到规定的强度等级，未达到设计所需求的强度要求等。

2）施工质量问题

桥梁施工工序较多，工人工种也较多。在现场施工时，往往一个施工人员身兼数职，如既要当架子工，又要当钢筋工，还要担任混凝土工等。在众多的工作中，稍微的一疏忽，就可能会使结构出现先天性的缺陷。

3）施工中的质量事故

施工方法的不当、施工质量控制的不严格，都会导致施工出现质量事故。特别是在施工过程中出现一些非预见性的灾害，常常会影响到工程质量，导致桥梁承载力下降，安全性能降低。

2.1.4 外界因素

近年来，全球气温多变，各种自然灾害不期而至，如洪水灾害、冰灾和大火等，一次又一次的对桥梁进行了冰与火的洗礼，导致桥梁产生了较多的病害，如撒盐破冰致使氯离子入侵梁体内导致钢筋锈蚀，洪水冲刷导致桥梁墩台的滑移等。这些病害日积月累不加整治，就会导致受力构件的极限破坏，从而使桥梁无法正常使用，甚至成为危桥。

2.2 常见裂缝产生的原因及分类

裂缝是桥梁工程中常见的病害，如日照、受力不均等都会产生裂缝，而且裂缝还是很多病害的最初表现形式。因此，了解裂缝产生的原因，防患于未然是很有必要的。

2.2.1 变形与形变

在桥梁工程中，变形(Δ)是一种泛指，包括了形变、自变和迫变。

1)形变

物体因外部原因(如受到外力、温度变化等)或内部缺陷而发生形状或体积的改变，称为形变(δ)。

2)自变(自然变形)

物体在自然条件下产生凝缩、温度和湿度的膨缩和其他因素所引起结构本身的收缩和膨胀现象，称为自变(I)。

3)迫变(强迫变形)

构件在受约束条件下，自然变形受到一定阻力，其所产生的形变，称为迫变(ε)。

4)自变和迫变、形变之间的关系

(1)结构不受约束时，形变等于自变；

(2)结构受约束时，某个方向形变小于自变；

(3)自变与迫变的和等于形变；

(4)自变与形变的趋势相同，但迫变与形变的趋势相反。

5)自变、形变和迫变的正负号的规定如表2-1所示。

自变、形变和迫变的正负号的规定 表2-1

变形(Δ)	形变(δ)	自变(I)	迫变(ε)	应力(σ)
+	增大	膨胀	张拉	拉应力
−	缩小	缩小	压缩	压应力

2.2.2 裂缝

1)裂缝产生的原因

荷载迫变使材料产生应力，引发材料产生应变，其方向垂直于截面。当应力足够大，超出了材料某方位的极限承载力时，材料会出现裂缝。而由于应力是迫变产生的，故只有当迫变足够大时，才会使得裂缝产生。

2)裂缝的特征

(1)迫变来自于阻力(外力)，裂缝发生在垂直于外力的作用面上；

(2)迫变有严格的方向性，裂缝也有严格的方向性，故可以根据裂缝的时间和形式反求出迫变的大小和方向；

(3)当迫变超过材料的允许迫变，裂缝立即发生；

(4)裂缝发生后，可能出现两种结果，有的裂缝会在迫变作用的存在下继续开裂，有的则会逐渐愈合。

2.2.3 裂缝类型

裂缝的分类方式很多，下面讲述几个常见的分类方式。

1)按裂缝是否有害分类

无害裂缝：工程中常见的裂缝很多，但也不能谈裂缝色变，有些裂缝只要在数量的增长速度及深度的增加上不是很快，可以看作是无害裂缝，如温差所引起的网状裂缝等。这种裂缝不会影响到结构物的正常使用和安全状态。

有害裂缝：这种裂缝，如桥梁由于弯曲产生的弯曲裂缝等，一旦出现，若不加以修复或者杜绝产生裂缝的根本原因，就会导致结构的破坏，影响其正常使用。

2)按裂缝产生的原因分类

荷载裂缝：结构在常规静、动荷载及次应力下产生的裂缝，如发生大风、大雪时产生的裂缝。

非荷载裂缝：结构在温度等非常规荷载作用下产生的裂缝，如温度裂缝、收缩裂缝等。

3)按裂缝的危害性分类

贯穿裂缝：裂缝延伸至整个结构面，将结构分离，破坏了结构的整体性。对这种裂缝，如结构偏心受拉时导致结构面的开裂，必须采取措施，防止结构进一步恶化。

深层裂缝：裂缝延至结构深层，危害着结构整体性能。

表面裂缝：在结构表面浅层上，出现的龟纹状裂缝、竖向裂缝、水平裂缝和干缩裂缝等，称为表面裂缝。

2.2.4 桥梁结构常见的裂缝及裂缝形式

在桥梁建造与使用过程中出现的裂缝，是非常值得关注的问题。裂缝的发展，会使结构物产生异常的内部应力或变形，严重的可能会危及桥梁的结构安全和正常使用。桥梁结构常见的裂缝及裂缝形式如下。

1)梁式体系裂缝

(1)荷载引起的裂缝

①梁桥梁(板)受拉区出现弯曲裂缝。

位置、方向和性质：弯曲裂缝出现在梁的侧面和底面，侧面的弯曲裂缝，从梁底向上开裂，并与主钢筋垂直；一般裂缝宽度：梁结构大约在0.03～0.2mm之间，板结构大约在0.03～0.15之间。裂缝之间的间距大约在0.05～0.2m之间；梁底出现的弯曲裂缝，时常垂直于主钢筋，裂缝宽度在0.03～0.2mm之间。当梁(板)受荷时，已有裂缝的长度和宽度都会相应的增加，同时，会出现新的裂缝，当卸荷时，裂缝一般会恢复原状，个别为深层裂缝，也有部分贯穿裂缝。

②弯剪力作用下梁腹板的斜裂缝。

位置、方向和性质：常发生于支座到$L/4$跨径之间，出现在梁的侧面，并与梁形成45°～60°左右的夹角，裂缝宽度0.1～0.3mm，裂缝间距0.5～1.0m。

③混凝土质量不均引起的沿梁腹板梁高度上的表面裂缝。

位置、方向和性质：常见于T形梁的腹板侧面上，在半梁高度处常出现枣核形裂缝，间距无规律；裂缝宽度0.2～0.6mm，有的达0.8mm，常出现于梁的跨中，并垂直于主钢筋，在支座到$L/4$跨径之间，裂缝与主钢筋形成60°斜角。

(2)温度变化引起的裂缝

混凝土结构具有热胀冷缩的性质。当结构物发生温变时，混凝土将发生变形。若出现了约束，则会在结构内部产生应力，应力过大超出范围就会产生温度裂缝。引起温度变化主要因素如下。

①年温差:桥梁一年的温度是不断变化的,但变化相对缓慢,对桥梁结构的影响主要是导致桥梁的纵向位移。

②日照:结构在接受日照时,向阳面和背阳面所受的温度不一致,会导致结构局部拉应力较大,出现裂缝。

③温度骤降:冷空气侵袭等可混凝土结构物外表面温度骤然下降,而内部温度变化却较慢,故会产生温度差。

④水化热:施工过程中大体积混凝土水泥水化放热,使得内部温度较高,这样形成内外温度差。

⑤养护措施不当:养护时措施不当,导致混凝土骤冷骤热,产生温度不均现象。

⑥焊接措施不当:在焊接钢制构件时,由于焊接措施的不当,烧伤钢制构件附近的混凝土从而导致开裂。

(3)收缩引起的裂缝

由于混凝土的塑性收缩、缩水收缩(水分蒸发引起)、自生收缩(水泥与水发生反应引起)、碳化收缩等都可能引起混凝土的体积收缩。当收缩到一定程度时,会产生裂缝。混凝土收缩裂缝的特点是,大部分属于表面裂缝,宽度较细,无任何规律。

(4)地基变形引起的裂缝

当地基由于荷载的作用或者地质的不均,产生较大的竖向沉降或者不均匀沉降时,使结构产生附加应力,超出混凝土结构的抗拉能力,导致结构开裂。

(5)钢筋锈蚀引起的裂缝

钢筋锈蚀,出现膨胀,导致混凝土沿着主筋延伸方向,出现水平纵向裂缝,严重时其长度可达半跨,裂缝宽度最大可达4mm。

(6)梁体支座处裂缝

由于桥墩发生不均匀沉降、倾斜,或者混凝土局部承压力不够导致支座倾斜、活动支座失灵等,而导致位于支座垫板处的梁体发生斜向裂缝。

2)拱式体系桥的裂缝

(1)跨中部位的裂缝

由于正弯矩的作用,当拱圈截面太薄时,导致拱圈下缘开裂。裂缝主要在跨中2~3m范围内,或(1/4~3/4)L范围内。裂缝从拱肋底部下边缘向上延伸,缝宽0.1~0.5mm,缝长0.2~0.3m。

(2)拱脚附近径向裂缝

由于负弯矩的作用或者桥台的水平位移而导致负弯矩的增加,当拱圈截面太薄时,容易在拱脚与拱座之间交接处,发生1~2条较宽的裂缝。其特点是从上缘向下发展。

(3)拱上建筑的裂缝

由于拱桥拱上建筑结合面较多,在结合面处由于各衔接部件的变形的不协调,易产生裂缝;重力式腹拱多数在拱脚和拱顶处产生裂缝;立柱与盖梁、柱座处易产生裂缝,此外还有侧墙的开裂等。

2.3 混凝土桥梁结构其他常见缺陷及其原因

混凝土桥梁结构最常见的病害就是前面两节所述的裂缝,而且很多其他病害的初步表现就是裂缝。本节将讲述混凝土桥梁结构其他常见的缺陷及产生的原因。

2.3.1 混凝土碳化

所谓碳化，是指气相的或水溶的 CO_2 与混凝土中的碱性物质反应，使碱性物质转化为 pH 较低的碳酸盐（$CaCO_3$）。混凝土碳化结果是降低了混凝土的高碱性，导致钝化层（混凝土的高碱性使包裹在混凝土中的钢筋表面形成钝态氧化层）失稳，甚至失效，引起钢筋锈蚀。碳化产生的原因很多，如修建时混凝土配合比不合理，水灰比大，水泥用量少，空隙大，早期养护不足所致等。

2.3.2 表层缺陷

1）蜂窝

结构各部分均可能发生。产生的原因如下：

（1）混凝土配合比设计不合理，骨料过大，混凝土和易性差，无法密实；

（2）振捣操作方法不当，出现少振、漏振，捣固不到位；

（3）浇筑混凝土没按规程分层浇筑，造成振捣操作的盲目性，振捣不密实；

（4）混凝土运输过程中没有采取适当措施，下料没有按规程设置进入下料筒（槽），乱抛撒，造成混凝土产生离析，骨料向模板侧过分集中；

（5）结构设计不合理，钢筋布置过于密集；

（6）模板之间缝隙没有处理好，施工过程中没有及时处理，造成水泥浆流失过多。

2）露筋

结构各部分均可能发生。产生的原因如下：

（1）混凝土保护层的垫块强度不够在施工过程中破碎，或垫块绑扎不牢施工中发生移位，造成结构钢筋移位，紧贴模板；

（2）违反混凝土操作规程，保护层处混凝土漏振或振捣不实；

（3）施工把关不严，有大块骨料混入，卡在边角处钢筋网上。

3）麻面

结构各部分均可能发生。产生的原因如下：

（1）施工时采用的模板不光滑，模板湿润度又不够，致使构件表面混凝土内的水分被吸去；

（2）模板没有涂刷隔离剂或者脱模剂使用不当；

（3）结构混凝土没有达到强度，提前强行拆卸模板。

4）空洞

结构各部分均可能发生。产生的原因如下：

（1）结构钢筋网布置过密，施工时混凝土被卡住，又没有采取适当措施充分振捣就继续浇筑上层混凝土；

（2）模板拼接不实，施工中出现严重漏浆；

（3）水泥结块、混凝土中混入杂物，如泥块、冰块等。

5）缝隙及夹层

混凝土内存在松散混凝土层及夹杂物。产生的原因如下：

（1）施工缝或变形缝处未经接缝处理，就浇筑混凝土；

(2)施工缝处锯屑、泥土、砖块等夹杂物未清除干净;
(3)混凝土浇筑高度过大,未设串筒、溜槽;
(4)底层交接处未灌接缝砂浆层。

6)其他缺陷

磨损、腐蚀、老化、剥落、脱落、构件变形、接缝不平等,也是混凝土常见的缺陷。

磨损的产生原因有混凝土强度不够、表面细集料太多;车轮磨耗、水流夹杂物冲刷等,其主要产生在桥面和桥墩冲刷处。

腐蚀、老化、剥落产生的原因,主要是保护层太薄、结构出现裂缝、钢筋锈蚀膨胀等,各个部位都有可能产生。

脱落主要是外界冲击作用的结果,主要发生在桥面、栏杆、墩柱、主梁面。

构件变形、接缝不平一半来自于施工事故和荷载作用,主要发生在主梁及墩台。

表层混凝土损坏的混凝土桥梁结构的上述缺陷虽不会引起塌桥等重大事故,但对于混凝土结构,由于缺陷受外界各种因素的影响,加之长年累月地发生变化,往往会有扩大的危险性。麻面涉及混凝土结构的外观,影响混凝土结构整体质量,造成工程质量验收不过关。露筋会使结构钢筋受外界环境不利因素的影响,锈蚀断裂,失去功效,影响到混凝土整体结构的刚度、强度,使建筑物遭到破坏。蜂窝、孔洞会削弱混凝土整体结构刚度、强度,并且会使内部结构受到侵害,使危害向内部发展,危及结构的安全使用,从而缩短桥梁结构的使用寿命。

2.3.3 施工质量差

在桥梁施工过程中,由于缺乏足够的施工经验,不注意施工质量,不按施工操作规程办事,加之施工组织和管理不善,这造成了一定的工程事故和隐患;或者为了追求一定的效益,不按规定使用合格的材料,这都会使得桥梁的施工质量不符合设计要求。

2.3.4 拱桥常见的病害

拱桥常见的病害如下:

(1)主拱圈裂缝。

①各孔中主拱圈的中波波顶纵向裂缝;

②肋、波连接处裂缝;

③拱肋横向裂缝;

④横系梁裂缝。

(2)主梁裂缝及主梁变形:主梁裂缝多发生在跨中(正弯矩区)梁的下缘及悬臂梁根部(负弯矩区)上缘,后者大都贯穿整个车行道翼板。此类裂缝显然是由于大量重车通过使梁的受拉区开裂,属正常现象。但由于负弯矩区裂缝在上面,雨水易从裂缝渗入梁内,引起钢筋锈蚀及混凝土强度降低。

(3)腹拱、立墙病害:若防水层质量差,许多腹孔及立墙上易有渗水痕迹;腹拱圈及立墙上也多发生裂缝。

(4)主拱圈轴线下降。

2.4 桥面及附属设施常见的病害

2.4.1 桥面铺装常见的病害及产生的原因

桥面铺装是车辆直接作用的部分,其作用是保护桥面板免受车轮的直接磨损,防止雨水入渗主梁,使主梁免受雨水的侵蚀,并对车辆轮重的集中荷载起一定的分布作用。因此,桥面应具有一定的厚度、强度、抗车辙、抗滑、不透水和桥面板结合良好等特性。由于桥面铺装直接承受车辆荷载的作用,经受车轮对它的反复撞击、磨耗,易产生各种病害。这些病害若不加以维修,则长久下去会降低桥梁的舒适性,产生噪声;也会降低行驶稳定性,使得桥面抗滑性能降低,降低行车的安全性,甚至会造成各构件的损害,从而降低桥梁的安全性能。桥面铺装层常见的病害及产生原因如下。

(1)桥头与路堤连接部产生高低差

此类病害产生原因有:

①桥梁结构物与填土部位不均匀沉降或结构物回填土部位夯实不够;

②结构物接头不平造成。

(2)纵向波浪、表面拥包

拥包是指沥青混凝土桥面自身或上、下层之间发生了错动或推移。其产生的力学原因是,因为桥面抗剪强度不足或上、下层结合不好;从工程的角度来讲是由于沥青混合料稳定性不足及桥面板不平整,或沥青黏结层用量太多、不均匀造成的。

(3)车辙

车辙是车辆长时间在路面上行驶后留下的车轮永久压痕。车辙产生的原因是,由于沥青混合料稳定性不够及在过大的汽车荷载重复作用(特别是高温情况)下,铺装层各层被进一步压实,沥青层中材料发生侧向位移,从而形成车辙。

(4)泛油

泛油是指桥面铺装中沥青在反复行车作用下被挤出,聚集在桥面表面,形成油膜。这种病害的产生原因是,沥青混合料油石比偏高、骨料级配不良或沥青黏结层用量过多等。

(5)磨耗

磨耗的主要表现形式为磨光、剥落、松散、坑槽等,是由于面层混合料质量不良,主要是石料抗磨耗性能不好,石料与沥青的黏附力不良,碾压不足等造成;此外,在混合料搅拌过程中或施工过程中混合料离析,在使用过程中面层遭受水损害,是造成铺装层松散、坑槽的重要原因。

(6)裂缝和开裂

①细微裂缝。一般是裂缝初期的表现形式,会发展成线状桥面铺装的病害,虽然不会影响到桥梁的极限状态,但会影响桥梁的正常使用状态。此类裂缝的产生与沥青混合料质量及桥梁振动、挠度和应力传布有关。桥面有积水时会使水向下渗流,影响桥梁上部结构。

②线状裂缝。即沿桥梁横向或纵向的基本沿直线分布的裂缝。此类裂缝多出现在挠度较大的桥梁。由于桥梁的振动特性产生了局部应力集中,产生裂缝。此类裂缝会随着时间增长而加剧桥面铺装的损坏。

③格状裂缝。即裂缝发展形成相互连接的格子状态,是以上两类裂缝不断发展形成的,会

使桥面铺装水损害加剧，行车安全度下降。

④大面积裂缝。此类裂缝一般呈均匀分布的龟状细裂缝，通常出现在水泥混凝土铺装上。在水泥混凝土板铺装过程中，由于表面整修收水不当、气温较高、养护不周等原因，导致混凝土板表面因失水过快而引起的表面收缩裂缝。这种裂缝一般只是深入混凝土表面几毫米，不会继续发展。另外，如所用的材料发生了碱骨料反应，也会引起铺装层大面积的开裂；裂缝呈不规则分布，有时会引起板翘曲。

2.4.2 支座常见的病害及产生的原因

支座是桥梁结构中一种特殊而重要的部件，承担着传递上部结构的荷载，并要保证结构在活载、温度变形、混凝土收缩徐变等因素作用下，能自由变形的功能。桥梁支座破坏导致梁体与支座脱空，梁板体不稳定，在车辆载荷的作用下，产生振动，损害桥面结构，影响桥梁使用性能。同时，由于梁板支座约束的改变，将影响梁体整体的受力性能，甚至产生梁体破坏。其常见的病害及产生原因如下。

1)支座本身损坏

(1)油毛毡支座已损坏(如破裂、掉落等)，从而失去作用。

(2)切线弧形支座滑面动、滚动面生锈，从而不能自由转动。

(3)摆柱式支座的混凝土柱皮露筋或出现其他异常现象。

(4)支座的滑动面不平整，轴承有裂纹切口，滚轴有偏移和下降。

(5)支座螺母松动或螺栓脱落。

(6)钢辊式支座辊轴(或摇轴)实际纵向位移偏大或发生横向位移。

(7)橡胶支座出现橡胶老化、变质现象，梁跨丧失自由伸缩能力。

(8)四氟滑板损坏，使支座失去自由滑动的能力。

2)支座座板的损坏

(1)支座座板翘起、断裂。

(2)座板贴角焊缝开裂。

(3)填充砂浆出现裂缝。

(4)支座座板混凝土压坏、剥离、掉角。

2.4.3 伸缩缝常见的病害及产生的原因

1)伸缩缝常见的病害

(1)伸缩缝装置本身的损坏。如橡胶带的断裂、橡胶和钢板的剥离、桥面盖板的断裂、钢构件焊接部位破坏等。

(2)伸缩装置混凝土的破坏。如混凝土表面裂缝常以纵向裂缝出现；混凝土与沥青混凝土面层分离，并出现裂缝；混凝土松散破坏露出钢筋或预埋筋。

(3)桥面板端部的破损。桥面板端部的破损是指伸缩缝对过渡段混凝土的“啃边”现象。

2)伸缩缝病害产生的原因

(1)荷载

由于实际运营车辆轴载超过设计轴载，加之车流量增大，会使车辆的冲击作用明显增强。巨大的车轮冲击可造成伸缩缝部件破损、脱落、松动，从而加速伸缩缝的损坏，影响其使用寿命。所以,设计和施工上即使稍有缺陷,也会导致伸缩缝破坏。

(2)设计

由于设计不当而引起的伸缩缝损坏主要是指,伸缩量计算不准确,伸缩装置选型不合理;伸缩装置根部与混凝土桥面板相连的锚固螺栓数量不足,设置位置不合理,锚固长度不够,锚固区的混凝土强度等级偏低;防、排水设施不完善,由于漏水、溢水,锚固件受腐蚀,梁端和支座侵蚀严重等。

(3)施工

在安装伸缩装置时,对施工工艺不够重视,未能严格掌握和控制施工工艺标准及安装顺序,造成伸缩装置安装质量有缺陷,在使用过程中对伸缩装置造成损坏。

混凝土浇筑不规范。伸缩装置两侧混凝土设计时一般很薄,体积小,加上预埋件的干扰,施工难度大。若浇筑不密实,混凝土内部会存在空洞、蜂窝,达不到设计所要求的强度。在使用过程中,受车辆荷载的强烈冲击,就会出现裂纹、开裂,逐渐出现坑槽。如不及时处理,将会导致锚固件的损坏。

伸缩装置两侧混凝土与沥青混凝土桥面铺装层结合不好,碾压不密实,形成“两张皮”,在车辆荷载的反复冲击作用下,容易产生开裂、脱落,最终引起伸缩装置的损坏。

在施工过程中,对温度因素考虑不周,对由于温度变化所产生的间距变化未能及时调整和精确施工。

锚固件的焊接质量不够。在焊接锚固件时,施工人员只注重表面,忽视内部质量要求,槽口不深,冲洗不干净,焊接长度不够,造成伸缩装置锚固不牢固,承受不起高速重载车辆的冲击、振动。

伸缩装置与其相连的混凝土桥面板刚度不匹配,在车轮的碾压和冲击作用下,使滑板间产生严重变形,其连接螺栓很快被剪断。

伸缩缝安装是桥梁施工的最后几道工序之一,为了赶工期,施工中放松了对伸缩装置施工质量的控制;安装后,在混凝土没有达到设计要求的强度就提前开放交通,从而造成伸缩缝损坏。

2.5 桥梁下部结构缺陷及其原因

桥梁下部结构包括墩台身和基础,它们起到一个承上启下的作用,即承受上部结构传递的荷载,同时将荷载传递给地基。对于跨河桥,桥梁墩台身和基础可能会受到洪水的冲刷等。在上部结构传递的荷载、风载、洪水冲刷和桥台台后土压力等的作用下,桥梁墩台会产生各种各样的病害,特别是船只等的撞击作用,甚至会使桥梁彻底地垮掉。基础的缺陷和病害主要表现为:承载力不足而使基础不均匀沉陷;基础的滑移和倾斜,以及基底局部冲空;基础结构物的异常应力和开裂。桥墩、桥台缺陷和病害主要表现为:水平、竖向和网状裂缝;混凝土脱落、空洞、材料老化;受外力冲击产生破坏;钢筋外漏和锈蚀;结构变形、位移等。

2.5.1 桥梁基础存在的问题及产生原因

桥梁的基础分为浅基础和深基础两大类。浅基础由于埋深较浅,承载较大,在地基欠密实或软土地基上的桥梁,往往出现较大的沉降或者不均匀的沉降,对桥梁会产生较大的病害。而深基础由于深入土层,其沉降在施工中逐层表现,一般在使用 1 ~ 2 年内达到稳定,其变形、强度等很少超过工程要求。

(1)天然地基上的浅基础。由于埋置深度浅,对于跨河桥,很容易被水流冲刷,甚至基础出现掏空的现象。在北方地区或严寒季节,容易受冻害影响;在受到较大的土侧压力作用时,很容易使基础出现滑移或者倾斜的情况。

(2)处于软土地基上的浅基础。由于软土的压缩性较大,在承受竖向荷载作用时,很容易产生较大的沉降,使得基础下沉。

(3)深基础中的管桩基础,很容易因为承载力不足而产生沉降;深基础中的钢筋混凝土预制桩很容易在打桩时出现桩身受损的情形,或者在水流的冲刷作用下,混凝土产生空洞、剥落等,甚至因为船只等的撞击而出现损坏;深基础中的钻(挖)孔桩,当施工时桩中淤泥未完全清除,很容易造成桩基的下沉,或者出现塌孔而未作处理,导致桩身部分脱空等。

基础所存在的这些缺陷会导致桥梁产生破坏。如基础的滑移或者倾斜,可能会使支座和墩台支撑面被破坏;可能使梁体从支撑面上滑落,拱桥的拱圈开裂、跨顶下陷甚至倒塌;可能使得伸缩缝装置破坏,或使接缝减小,伸缩机能受损,甚至由于滑移量过大而导致梁端与胸墙紧贴,导致胸墙破坏或梁局部压屈破坏。

2.5.2 桥梁墩台的病害及产生原因

桥梁墩台的强度、稳定性很大程度上决定了桥梁的耐久性,其最常见的病害就是裂缝。桥梁墩台常见的裂缝形式有如下几种:

(1)网状裂缝:多出现在桥墩的向阳面,水位线以上,裂缝宽度0.1~1mm,深度1~1.5cm不等,产生原因是因为日照等产生了温度差,从而导致了温度拉应力的产生;

(2)墩台竖直裂缝:多下宽上窄,多系基础不均匀沉陷所致;

(3)桥台侧墙、前胸、翼墙开裂:多系地基承载力不足,引起墩台下沉或外倾所致;

(4)桥梁墩台帽上出现横贯裂缝:墩帽支座垫板及附近承受大量的竖向荷载,使得其附近墩台帽出现压裂裂缝;

(5)盖梁裂缝:桩基沉降不均导致盖梁受力不均,从而在盖梁出现裂缝。

除裂缝外,桥梁墩台的另一种病害就是撞击破坏,跨河桥在受到船只、漂流物撞击,跨线桥在受到汽车撞击时,桥梁墩台会产生局部破坏,混凝土会产生剥离与脱落。对于砖石墩台,其表面损坏主要表现在抹灰层、勾缝脱落,主要原因是外界因素的影响,或者构件受力不均、基础沉降不均、受热不均等。

【小知识】 《公路桥梁加固施工技术规范》(JTG/T J23—2008)基本涵盖了公路桥梁加固施工的各种技术、工艺及施工要求,主要内容为:施工准备与施工组织,桥梁混凝土构件裂缝及表面缺陷的处理,桥梁(拱桥、缆索体系桥、钢桥)、下部结构与基础加固的施工工艺、方法、质量检验与验收标准,桥梁抗震与防撞加固的施工工艺方法、质量检验与验收标准,桥梁支座、伸缩缝更换的施工工艺及方法等。

【本单元小结】 本单元首先介绍了桥梁常见的缺陷——承载力不足产生的原因,然后详细地讲述了很多病害的最先征兆——裂缝及其产生的原因。在分析裂缝产生的根本原因时,提到了两个基本概念——自然变形和强迫变形,从而得到了裂缝产生的根本原因就是迫变大于了允许迫变。此外,本单元还从梁桥上部结构、拱桥、桥梁下部结构以及桥面和附属设施的角度,较为详细地阐述了各部分最常见的病害,并给出了病害产生的原因。

【思考题】

1. 裂缝产生的根本原因是什么？
2. 自然变形、强迫变形和形变之间有什么样的关系？
3. 浅基础容易出现什么样的病害？
4. 桥梁墩台容易出现什么样的病害？
5. 哪些裂缝是有害裂缝，哪些裂缝是无害裂缝，是否绝对？
6. 桥梁支座、伸缩缝容易出现什么样的病害？病害产生的原因是什么？

单元3　桥梁结构质量检查

【学习要求】　本单元介绍了桥梁检查的经常检查、定期检查和特殊检查三种类型；说明了桥梁上、下部检查的主要项目；介绍了检查常用的相应表格，以及检查资料的收集整理要求。并从桥梁的材质、支座、伸缩缝、外观和结构特殊部位等，说明了检查的部位、方法、要求，提出了桥梁承载能力的评价方法。还介绍了桥梁加固方案的分析、判断与选定的标准和原则。通过本单元的学习，让学生重点掌握桥梁加固的常见类型和方法。

【知识目标】　1. 了解桥梁检查的主要类型和项目；

2. 理解桥梁检查的部位、方法和资料整理要求；

3. 掌握桥梁加固的分析判定标准和原则。

【能力目标】　1. 能准确区分桥梁各部位检测的方法；

2. 能准确提出桥梁加固的常规方案。

3.1　桥梁检查

3.1.1　桥梁检查种类

桥梁检查分为经常检查、定期检查和特殊检查三种。

经常检查　是指采用目测方法，或辅以简单工具进行测量，主要对桥面设施、上部结构、下部结构及附属构造物的技术状况进行的检查。进行经常检查时，应当场填写"桥梁经常检查记录表"，登记所检查项目的缺损类型，估计缺损范围及养护工作量，提出相应的小修和保养措施，为编制辖区内的桥梁养护（小修保养）计划提供依据。经常检查的周期根据桥梁技术状况而定，一般每月不少于一次，汛期应加强不定期检查。

定期检查　是指以目测观察结合仪器观测，对桥梁主体结构及其附属构造物的技术状况进行的全面检查。定期检查为评定桥梁使用功能、制订管理养护计划提供基本数据，同时也为桥梁养护管理系统搜集结构技术状态的动态数据。定期检查周期根据桥梁技术状况确定，最长不得超过三年。新建桥梁交付使用一年后，进行第一次全面检查；临时桥梁每年检查不少于一次；在经常检查中发现重要部（构）件的缺损明显达到三、四、五类技术状况时，应立即安排一次定期检查。

特殊检查　是指采用仪器设备等特殊手段和科学方法，查清桥梁的病害原因、破损程度、承载能力、抗灾能力，确定桥梁技术状况的工作。特殊检查分为专门检查和应急检查，专门检查是根据经常检查和定期检查的结果，对需要进一步判明损坏原因、缺损程度或使用能力的桥梁，针对病害进行专门的现场试验检测、验算与分析等鉴定工作。应急检查是当桥梁受到灾害性损伤后，为了查明破损状况，采取应急措施，组织恢复交通，从而对结构进行的详细检查和鉴定工作。特殊检查应委托有相应资质和能力的单位承担。在以下四种情况下应作专门检查：

（1）定期检查中难以判明损坏原因及程度的桥梁。

(2)桥梁技术状况为四、五类者。

(3)拟通过加固手段提高荷载等级的桥梁。

(4)条件许可时,特殊重要的桥梁在正常使用期间可周期性进行荷载试验。

桥梁遭受洪水、流冰、滑坡、地震、风灾等灾害袭击,受到漂流物或船舶撞击,因超重车辆通过或其他异常情况影响造成损害时,应进行应急检查。

特殊检查,是对桥梁结构的材料质量及工作性能两方面所存在的缺陷状况,进行详细观察、检测、试验、判断与评价的过程。一方面要对桥梁全面评价,另一方面也应根据本次特殊检查的背景和原因有重点地进行。

特殊检查的主要工作如下。

(1)充分收集桥梁的有关资料,包括:计算书、设计图、竣工图、材料试验报告、施工记录、养护维修档案、历次桥梁定期检查和特殊检查报告等。

(2)对桥梁做全面检查,对各部位病害损伤全面观察了解,测试结构构件材料组成及性能,勘查水文地质情况。

(3)作桥梁结构验算。应按实际尺寸及缺损状况、材料的实际强度和弹性模量、地基实际容许承载力和水文条件进行计算,并按现行的有关规范办理。

(4)做静力荷载试验。应按设计荷载或控制性车辆荷载,并以冲击系数的结构效应作为最大试验荷载,同时量测结构控制截面和约束部位的位移、应变和裂缝等结构力学性能参数。将实测数据与计算值或规范规定值进行比较。当各项实测数值均小于或等于规定值时,一般可以认为结构承载能力满足使用荷载的要求。

(5)做动力荷载试验,量测结构动力响应,分析计算结构自振频率和受迫振动性能,评定结构动力性能是否满足行车和行人安全、舒适的要求。

以上5项工作,前3项是必须要做的,是不可少的。后2项可根据实际情况取舍。

承担特殊检查的单位,必须严格按规定的内容及时间完成任务。除必须提交完整的现场检查记录等资料外,还一定要提交完整的检查报告。检查报告应包括下列主要内容。

(1)概述检查的一般情况,包括:桥梁的基本情况,检查组织、时间、背景和工作过程等。

(2)桥梁当前技术状况的描述,包括:现场调查、试验与检测的项目及方法,检测数据与分析结果,桥梁技术状况评价等。

(3)详细阐述检查部位的损坏原因及程度,并提出结构部件和总体维修、加固和改建的建议方案。

3.1.2 桥梁检查主要项目

1)上部构造检查

在桥梁上部构造中,桥面铺装完好程度,直接影响着车辆行驶安全和舒适反映道路的服务水平。因此,检查时必须注意桥面是否有裂缝、沉陷、龟裂;桥头是否有跳车;防水、排水功能是否完善。上部结构裂缝状况,还直接影响着桥梁的承载能力;水渗漏病害引起钢筋锈蚀、混凝土剥离,都应特别予以关注。

2)下部构造检查

桥梁下部构造病害的检查,应特别注意基础沉降、位移和倾斜;要认真分析引起基础沉降的原因,关注周边环境、地质地貌、水文水力情况,注意河床是否受到冲刷,河床铺砌是否损坏;

仔细查看桥台背后的地基是否有变化。台背地基的变化，会使桥梁墩台产生裂缝，发生倾斜、错台和位移，危及桥梁安全。此外，还应注意墩台是否受到过碰撞，核查碰撞造成的损害。

3）关键部位检查

关键部位包括支座、伸缩缝等。检查支座位置是否正确、有无损害、位移、破损和锈蚀、受力不均等情况；活动支座功能是否正常、伸缩缝是否有破裂、错位现象，其功能是否正常，排水系统是否完好。

4）地基检查

在桥梁下部构造的检查中，可以根据工程的复杂程度和实际要求，采用查阅原始设计的工程地质资料，或采用钻孔取样方法，检查桥位处地质情况，检验原状土的物理、力学状况等。

5）桥梁材质检查

（1）钢材构件检查；

（2）混凝土强度检查；

（3）石料检查；

（4）橡胶及其他材质检查。

6）检查工作准备

为了进行桥梁结构的详细检查，往往需要借助于各种攀登装置。目前常用的工具有：脚手架（木梯、悬梯）、钢制吊篮、起重吊车、桥梁检测车、船只等。

3.1.3　桥梁检查常用表格

检查前可以事先建立“桥梁设施资料检查卡”，其参考格式见表3-1。

桥梁设施资料检查卡　　表3-1

路线编码		路线名称		路线等级	
桥梁编码		桥梁名称		桥位中心桩号	
功能类型		下穿通道名		下穿通道中心桩号	
设计荷载		通行载重		弯斜坡度	
桥面铺装		管养单位		建成年月/设使用年限	
桥长		桥面总宽		车行道宽	
桥面高程		桥下净高		桥上净高	
引道总宽		引道路面宽		引道线形	

上部结构	桥面铺装	材料	形式	厚度	桥台	材料		盖梁尺寸		
						类型			基底高程	
	桥面板					高度			底板长、宽、高	
	纵梁			主要问题		挡土墙厚度			泄水设置	
	横梁				基桩	材料				
	支座			布置		截面尺寸				
	接缝					锚锭设备				
	栏杆				桥墩	材料			盖梁尺寸	
	桥面纵坡					类型			基底高程	
	桥面横坡					高度			基宽长、宽、厚	

续上表

<table>
<tr><td rowspan="6">附属工程</td><td rowspan="2">护岸</td><td>材料</td><td></td><td>形式</td><td></td><td rowspan="8">下部结构</td><td rowspan="2">桥墩</td><td rowspan="2">桩基</td><td>材料</td><td></td><td colspan="2">中距</td><td></td></tr>
<tr><td>顶高</td><td></td><td>长度</td><td></td><td>截面尺寸</td><td></td><td colspan="2">桩长</td><td></td></tr>
<tr><td rowspan="2">道路</td><td>路面</td><td></td><td>纵</td><td></td><td colspan="2" rowspan="6">翼墙</td><td>材料</td><td></td><td colspan="2">形式</td><td></td></tr>
<tr><td>宽度</td><td></td><td>长度</td><td></td><td>长度</td><td>东</td><td>南</td><td>西</td><td>北</td></tr>
<tr><td rowspan="2">挡土墙</td><td>材料</td><td></td><td>形式</td><td></td><td>坡度</td><td>东</td><td>南</td><td>西</td><td>北</td></tr>
<tr><td>高度</td><td></td><td>长度</td><td></td><td>基底高程</td><td></td><td colspan="2">厚度</td><td></td></tr>
<tr><td colspan="6" rowspan="2">备注：</td><td>截面尺寸</td><td></td><td colspan="2">中距</td><td></td></tr>
<tr><td>桩长</td><td></td><td colspan="2">锚锭设备</td><td></td></tr>
</table>

进行经常检查时应当场填写“桥梁经常检查记录表”，见表3-2。

桥梁经常检查记录表 表3-2

<table>
<tr><td colspan="6">管理单位：</td></tr>
<tr><td>路线编码</td><td></td><td>路线名称</td><td></td><td>桥位桩号</td><td></td></tr>
<tr><td>桥梁编码</td><td></td><td>桥梁名称</td><td></td><td>养护单位</td><td></td></tr>
<tr><td>部件名称</td><td>缺损类型</td><td colspan="2">缺损范围</td><td colspan="2">保养措施意见</td></tr>
<tr><td>翼墙</td><td></td><td colspan="2"></td><td colspan="2"></td></tr>
<tr><td>锥坡、护坡</td><td></td><td colspan="2"></td><td colspan="2"></td></tr>
<tr><td>桥台及基础</td><td></td><td colspan="2"></td><td colspan="2"></td></tr>
<tr><td>桥墩及基础</td><td></td><td colspan="2"></td><td colspan="2"></td></tr>
<tr><td>地基冲刷</td><td></td><td colspan="2"></td><td colspan="2"></td></tr>
<tr><td>支座</td><td></td><td colspan="2"></td><td colspan="2"></td></tr>
<tr><td>上部结构异常变形</td><td></td><td colspan="2"></td><td colspan="2"></td></tr>
<tr><td>桥与路连接</td><td></td><td colspan="2"></td><td colspan="2"></td></tr>
<tr><td>伸缩缝</td><td></td><td colspan="2"></td><td colspan="2"></td></tr>
<tr><td>桥面铺装</td><td></td><td colspan="2"></td><td colspan="2"></td></tr>
<tr><td>人行道、缘石</td><td></td><td colspan="2"></td><td colspan="2"></td></tr>
<tr><td>栏杆、护栏</td><td></td><td colspan="2"></td><td colspan="2"></td></tr>
<tr><td>标志、标线</td><td></td><td colspan="2"></td><td colspan="2"></td></tr>
<tr><td>排水设施</td><td></td><td colspan="2"></td><td colspan="2"></td></tr>
<tr><td>照明系统</td><td></td><td colspan="2"></td><td colspan="2"></td></tr>
<tr><td>桥面清洁</td><td></td><td colspan="2"></td><td colspan="2"></td></tr>
<tr><td>调治构造物</td><td></td><td colspan="2"></td><td colspan="2"></td></tr>
<tr><td>（其他）</td><td></td><td colspan="2"></td><td colspan="2"></td></tr>
<tr><td>负责人</td><td></td><td>记录人</td><td></td><td>检查日期</td><td>年 月 日</td></tr>
</table>

3.2 资料收集

调查和了解桥梁的基本资料，对于判断桥梁现实状况，是进行桥梁鉴定工作的重要前提。技术资料收集包括：目前桥梁概况、历史资料、设计文件、施工质量及竣工文件；建桥前后的水文地质资料；目前的桥梁概况，包括交通量、车行荷载以及发展趋势；环境因素、资料的整理形式等，见表3-3。

桥梁技术资料收集项目内容简表 表3-3

类　别	收集资料的主要内容
桥梁概况及历史资料	1. 桥梁所在公路的名称，跨越河流的名称，所在地区； 2. 桥名、桥型、建桥材料、桥长、孔径、孔数、桥面净宽、横坡及纵坡； 3. 桥梁的净空与通航河流等级及最高洪水位等； 4. 桥梁建设年代，设计标准； 5. 桥梁发生的损伤、破坏、事故、水害等程度及抢修情况； 6. 桥梁的应力、交通量变化情况； 7. 桥梁的问题所在，特别是主要问题等； 8. 监理工程师的意见报告
桥梁的技术资料	1. 桥梁的建设、加固设计资料、竣工图、各种检测资料、检验合格证等； 2. 材料试验、施工记录、设计变更及隐蔽工程检测、竣工验收和总结资料； 3. 桥梁的检查的记录； 4. 水文、地址及通航交通的资料等； 5. 监理工程师的意见报告

3.2.1　桥梁技术档案

1）设计文件

桥梁设计文件包括：设计计算书、设计施工图、相关的施工监控、部位和特殊的科学实验、检测资料、竣工资料等。

通过对资料的分析，能够对桥梁状况有一个全面的了解，并可以根据桥梁的具体情况，对其受力状况、结构的尺寸和结构形式等进行局部分析，或进行全面校核、复核，寻找出桥梁病害发生和缺陷出现的原因，作出桥梁缺陷是否与设计和计算失误有关的判断；通过对实际通行荷载和设计荷载的比较，作出病害原因是否与桥梁承载能力不足有关的判断。特别注意的是，有些桥梁没有设计文件，或者设计文件缺损，或者设计文件上的尺寸与实际桥梁上的尺寸严重偏差，在这种情况下，必须结合桥梁真实情况，对设计文件进行分析，防止出现分析偏差而发生误导。

2）施工记录

施工记录资料反映了桥梁全部建设过程，据此可以分析出施工是否按照设计要求来进行，施工过程中是否有偶然的意外事故，如山洪、地震、施工事故以及所处理的措施和效果，施工中的变更设计问题，监理工程师的意见，检测部门的监测资料和意见等。这些资料对于桥梁维修和加固具有很重要的价值。

3）试验资料

试验资料包括：混凝土配合比，钢筋的检测，石料和灰浆强度等级的检测结论，地基基础强度，有时可以细化到所用的水泥等级、产地和检测报告，砂砾性质和水质问题。这些问题都可能与桥梁所产生的裂缝有关。荷载试验、挠度检测以及相关的观测资料和检测结论等，对于桥梁状况评价都有直接关系。

3.2.2　桥梁的维修与养护记录

桥梁维修与养护是确保其正常使用和运营必不可少的工作，从这些资料中可以得到桥梁的病害起因和发展过程的信息,也可以得到处理桥梁的部分病症初步资料。这些都是对桥梁进行加固补强的重要参考资料,应该引起足够重视,并应对其进行详细分析。

3.2.3 现行交通量、车辆吨位及其发展趋势

在了解了桥梁设计荷载后,还需要了解现行交通量大小和荷载状况,特别要注意最大吨位荷载情况,以及今后的国家政策、地方规划和周边地区的经济发展趋势,由此预测出交通发展趋势,使加固和改造后的桥梁适应未来的经济发展。

3.2.4 环境影响

桥梁不仅承受车辆荷载的作用,而且还受到温差、降雨、降雪、风暴、山洪和地震等因素直接影响;此外,还受到侵蚀物的散落、车辆的撞击、车祸等意外事故影响;桥梁下部时常受到船只、车辆撞击,路线桥和引桥时常受到车辆碰撞;地基软化或被水流冲击、掏空、周边工厂排泄物等。这些资料都需要认真收集仔细整理。

3.2.5 现场桥梁资料调查收集

到现场收集桥梁资料,会直接感受到桥梁的外观状况。在现场进行尺寸量测,外观描述,检查主要病害和缺陷,直接感受车辆通过时的振动,观察桥梁与道路连接状况,听取周围群众的意见,结合各种调查内容,对桥梁作出评价,进行初步判断。

3.2.6 资料整理和分类

对于收集和调查到的资料,必须进行分析和研究,整理、归类成卷。因此,在进行资料收集之前,必须制订出工作计划,编制出记录格式,便于计算机分类。

1)表格设置

根据具体资料内容,按照结构类型、材料品种、荷载影响、病害部位,设计出相应的表格,便于归类整理。

2)计算机整理分类

桥梁检查记录的形式很多,一般多选用表格或资料卡片,进行现场记录,存入计算机,建立起桥梁检查数据库。例如,国外已有一些国家利用计算机系统存储桥梁资料,研制出各种电子计算机桥梁状况的登记系统。桥梁状况电算登记系统最重要的作用,能对每一座公路桥梁提供完整而精确的记录,其中包括桥梁结构的历史、维修、加宽、加固或重建的状况,以及检查之后所采取的措施等情况。

3.3 桥梁结构现场检测

3.3.1 桥梁材质检测

桥梁现场检测,首先应对桥梁材质状况进行测定,确定出其机械力学性能。在进行桥梁检测时,这些都是必不可少的检测项目。

1)石料检测

用于修建桥梁的石料,应符合设计规范规定的类别,满足强度要求。石质应均匀,不易风

化，且无裂缝。外观应符合几何尺寸要求：块石、料石形状大致方正，表面凹凸深度应符合要求；拱圈石料的岩层应与拱轴线垂直，厚度要一致。在检测中，要注意观察在气候、环境变化或其他物理因素作用下，石料抵抗碎裂的能力及风化程度；测定风化层厚度，量测剥脱层的深度、面积和形式；在有条件的地方，应检测周边环境对石料的腐蚀作用。采用回弹仪对主要部位的石料进行力学检测。在对石料检测时，应考虑风化、湿度和其他因素的影响，对石料的强度值进行修正；如果需要准确地确定石料质量，就得采用钻芯取样法鉴定其强度。

2）钢制构件的检测

桥梁结构不但要受到车辆荷载的作用，还要受到大气因素的影响，因此，桥梁用钢应具有高强度、良好塑性、韧性和可焊性。在桥梁运行多年后，这些性能在不同程度上受到了损害，因此，往往需要对它的性能进行鉴定。特别是斜拉桥、钢管拱和吊桥这些大跨径桥梁，钢制构件材质就显得尤为重要。

关于钢筋的锈蚀问题，外露钢筋可以直接通过观察进行检测；内部钢筋可以采用电磁仪器或磁场法进行检测，确定其他的锈蚀程度。对于比较重要的部位，需要进一步鉴定。可以在不影响结构的受力特征的情况下，采用切割法取样进行力学性能鉴定。此外，还有对钢材的硬度进行鉴定，对变形、钢接头的性能、预埋件的性质进行检测等。

3）混凝土强度测定

对混凝土强度测定有两种方法，一种是非破坏性测定，也称为回弹仪、或超声波检测；另一种是破坏性测定，也就是钻芯抽样测定。

回弹法是使用回弹仪来检测混凝土抗压强度的方法。

回弹仪是一种机械式的无损检测仪器。使用回弹仪测定混凝土实际抗压强度的原理是：由于混凝土的抗压强度与其表面硬度之间存在一定的关系，而回弹仪的弹击锤被一定的弹力打击在混凝土表面上，其回弹高度（通过回弹仪读得回弹值）与混凝土表面硬度也成一定的比例关系。因此以回弹值反映混凝土表面硬度，根据表面硬度则可推求混凝土的抗压强度。

用回弹法测定混凝土抗压强度的设备简单、操作方便、测试迅速，故在现场直接测定中使用较多。但因影响因素较多，如操作方法、仪器性能、气候条件等，都会影响测定结果，产生较大误差，故须正确掌握操作方法。测定完毕后，应注意回弹仪的保养和校正，使其经常保持良好状态，则可使测量误差减小。

4）混凝土碳化深度的检测

混凝土碳化是指混凝土中的高碱性物质（主要是氢氧化钙）同大气中的二氧化碳发生化学反应的现象。由于混凝土碳化是在混凝土构件外表面及表面下形成一层坚硬的碳化表皮，所以又称为“表面碳化”。

检测混凝土碳化深度的目的之一，是混凝土碳化深度的大小直接影响采用回弹法检测混凝土强度的测定结果，即必须考虑混凝土碳化深度（对回弹法检测混凝土强度测值进行修正）。

检测混凝土碳化深度的目的之二，是由此可定性地推定混凝土中的钢筋锈蚀情况。一般认为当混凝土保护层厚度大于碳化深度时，钢筋没有锈蚀；保护层厚度与碳化深度接近时，则钢筋表面开始有局部锈点出现；当碳化深度大于保护层时，锈蚀一般不可避免要出现。

由于已碳化混凝土中钢筋锈蚀将产生钢筋截面削弱、钢筋与混凝土相互作用能力降低，所以一般也认为当钢筋锈蚀发展到混凝土保护层沿钢筋开裂的程度时，尽管尚不影响构件安全使用，但可认为是开始危及结构安全的前兆，甚至可认为这是构件使用寿命的一种极限状态。

测量碳化深度，可用冲击钻在测区表面形成直径约为15mm的孔洞，其深度约等于保护层厚度，然后除去孔洞中的粉末和碎屑，用浓度为1%的酚酞酒精溶液立即洒在孔洞内壁的边缘处，再用钢尺测量白混凝土表面至深处不变色（未碳化部分呈紫红色）、有代表性的交界处垂直距离1~2次。该距离即为混凝土的碳化深度，用数显游标卡尺测读至0.5mm。

3.3.2 桥梁支座检查

1）支座检查内容

支座上存在的缺陷往往会造成桥梁上部结构和墩（台）的工作不良，并造成墩（台）的某些损伤。支座主要检查功能是否完好，组件是否完整、清洁，有无断裂、错位和脱空现象。各种支座的检查，应包括下列内容：

（1）简易支座的油毡是否老化、破裂或失效；

（2）钢板滑动支座和弧形支座是否干涩、锈蚀；

（3）摆柱支座各组件相对位置是否正确，受力是否均匀；

（4）四氟板支座是否脏污、老化；

（5）橡胶支座是否老化、变形；

（6）盆式橡胶支座的固定螺栓有否剪断，螺母是否松动；

（7）辊轴支座的辊轴是否出现不允许的爬动、歪斜；

（8）摇轴支座的辊轴是否倾斜；

（9）活动支座是否灵活，实际位移量是否正常；

（10）支座垫石是否破碎。

2）桥梁支座性能恶化的评定

桥梁支座的恶化等级分为A级、B级、C级、D级四个等级。这主要是根据支座性能恶化后对桥梁结构功能及行车安全的影响程度来划分的，见表3-4和表3-5。

桥梁支座恶化等级表 表3-4

支座恶化等级		对结构功能及行车安全的影响	措　施
A	AA（极严重）	支座功能严重恶化，危及行车安全	立即采取措施
	A1（严重）	支座功能严重恶化，进一步发展会危及行车安全	尽快采取措施
B（较重）		恶化继续发展将会升为A级	加强监视、必要时采取措施
C（中等）		影响较小	加强检查、正常维修
D（轻微）		无影响	正常保养与巡检

板式橡胶支座恶化等级评定 表3-5

恶化类型 恶化等级		裂　纹	钢板外露	不均匀鼓凸与脱胶	支座脱空	超限剪切	支座串动
A	AA（极严重）	裂缝宽度>2mm；水平裂缝长度>相应边长的50%	外露长度>100mm			$\tan\alpha>0.45$	串动大于相应边长25%
	A1（严重）	裂缝宽度>2mm；水平裂缝长度>相应边长的25%	局部外露	沿支座一侧外鼓长度占相应边长25%	有脱空	$\tan\alpha>0.45$	串动大于相应边长25%
B（较重）		裂缝宽度0.5~2mm；水平裂缝长度>相应边长的25%	局部外露	沿支座一侧外鼓长度占相应边长10%~25%	有脱空	$\tan\alpha>0.45$	串动大于相应边长25%

续上表

恶化类型 恶化等级	裂　　纹	钢板外露	不均匀鼓凸与脱胶	支座脱空	超限剪切	支座串动
C (中等)	裂缝宽度0.5～1mm；水平裂缝长度＞相应边长的25%	局部外露	沿支座一侧外鼓长度小于相应边长10%	有脱空	$\tan\alpha>0.45$	串动大于相应边长25%
D (轻微)	龟裂、裂缝宽度＜0.5mm无水平裂缝	局部外露	沿支座一侧外鼓长度小于相应边长10%	有脱空	$\tan\alpha>0.45$	串动大于相应边长25%

3.3.3 伸缩装置缺陷检查

各种伸缩装置一般具有的缺陷往往表现在：伸缩缝本身的破坏损伤、锚固件损坏、接头周围部位后铺筑料的剥落、凹凸不平等，这些缺陷导致伸缩缝漏水，加速主梁、支座和盖梁的恶化。

对伸缩缝的检查主要是目测，必要时应用直尺测量破坏的范围。

1）检测内容

(1)测定下沉：采用梁式直尺，横跨伸缩装置两边的桥梁铺装层上，直接量取伸缩装置的沉降量，特别注意最大沉降量，并记录和描述；

(2)测定脱落：量测伸缩装置的某部分脱落段长度，并记录、描述和绘图；

(3)测定龟裂：量测龟裂的长度和宽度，并记录、描述和绘图；

(4)测定高低：用卷尺、塔尺和直尺量测量测伸缩装置的某部分的高低差值，并记录、描述和绘图；

(5)测定活动：量测伸缩装置的各种缝隙宽度，并记录、描述和绘图。

2）判断标准(表3-6)

伸缩装置判断标准表　　表3-6

检查地点及缺陷种类	检查方法	判断标准	评价判断	备　注
接缝前后铺装层摊铺筑料凹凸不平状况	现场量测 (照相)	$T\geq5$ $5>T$	A C	T:凹凸 (mm)
伸缩装置与桥面铺装平整度	现场量测 (照相)	$T\geq5$ $5>T$	A C	T:凹凸 (mm)
有无漏水	现场检查	有	A	
伸缩缝铺装层的剥离	现场量测 (照相)	$S\geq0.1$ $0.1>S$	A B	S:剥离面积 (m^2)
行车时有无冲击及异常声响	现场检查	dB≥80 80＞dB	A C	dB:dB(A)
伸缩缝铺装层的龟裂	现场量测 (照相)	$W\geq3$ $3>W$	A C	W:龟裂宽度(mm)
伸缩缝铺装层全部上拱	现场检查	有	A	
伸缩缝铺装层下陷	现场检查	有	A	
伸缩缝铺装层异常	现场检查	有	A	
伸缩缝铺装层有车辙	现场量测 (照相)	$S\geq1;D\geq5$ $1>S;5>D$	A C	S:车辙面积(m^2) D:车辙深度(mm)

3）各种破坏的处理措施

A表示破坏损伤给交通带来很大麻烦，或显著危害车辆安全行驶，需要紧急修补；

B 表示破坏损伤为中等程度,虽给交通带来障碍不大,但是要尽早修补;

C 表示破坏损伤较小,没有发现功能降低,可进行巡回检查,留意损伤的进展状态。

3.3.4 桥梁缺陷检查

1)检查准备

桥梁一般来讲都是位于交通量繁忙的地段。为了保证安全,提高检测水平,有必要在检测前编制出工作计划,做到有的放矢。

检查工作应安排在交通量少的时段。在检查地段受到限制时,应缩短检测时间。

(1)了解桥梁有关资料及前期的检查结果;

(2)收集有关交通运输部门、养护部门以及周边居民对桥梁的评价;

(3)检查桥梁铺装的施工记录;

(4)根据以上资料及目前桥梁状况,制订详细的工作计划及操作步骤;

(5)检查设施准备;

(6)办理交通管制手续,准备交通诱导设施,培训交通安全员;

(7)交代安全事项。

2)检查种类

(1)巡回检查。以日常巡逻为主,掌握桥梁的状况和变化,注意异常情况。巡逻检查原则上不限制交通,只是对桥梁行车舒适性做出评价。临时检查:当发生自然灾害、事故、出现其他异常事态后,应根据需要进行检查。

(2)定期检查。在规定的时间里,对桥梁铺装一年内进行 1 ~2 次的定期检查,作为编制下年度养护和修补计划的基础资料。

(3)详细检查。在巡回检查、定期检查之后,应对某些部位进一步进行详细探查,以决定是否采取应急处理或补救措施。具体检查项目见表 3-7。

检 查 项 目 表 3-7

环境条件	交通量	铺装混合料的调查	桥面性能状况
1. 气象条件记录 (1)检查大气温度、湿度、雨、雪等; (2)铺装面的湿度、雨、雪等。 2. 沿线条件 (1)在城市桥梁、立交桥和高架桥等,要把握其周围环境; (2)学校、幼儿园等文教设施; (3)铁路、公路接近和交叉地点; (4)平曲线、纵坡、宽度; (5)与公路连接部分; (6)桥梁结构形式; (7)桥面板的结构形式; (8)桥所经历交通事故件数与原因	1. 过去与现在的交通量和大型车混入率 2. 将来交通量的推算	1. 建设时的铺装记录 2. 现场试验资料 (1)非破坏试验,包括:厚度(路面面层、底层)、密度(路面面层、底层)、表面的磨耗值; (2)破坏试验,包括:最大密度、空隙率、抽出沥青量、抽出骨料级配、抽出骨料性能状态; (3)回收沥青性能状态,包括:针入度、延度、软化点	1. 车辆行驶上的稳定程度与安全度 2. 桥面损坏 (1)发生地点; (2)发生位置; (3)形状及形态、大小、深度、扩展值、比率; (4)发展程度、扩大程度; (5)振动、摇动、噪声; (6)异常音; (7)溅水; (8)与其他损伤的关系; (9)与桥面板、桥梁结构等结构物的关系

3)各种损伤鉴定法

巡回检查,以振动感觉和目测方式为主,对桥面质量进行评价。定期检查主要采用经纬仪、水平拉尺、直尺、验平仪、放大镜等，进行现场观察、测试并记录和描述，做出初步评价。

（1）高低差

①行车振动感觉：很振动、振动、不振动；桥面观察：高低差很明显、有高低差、有点高低差。

②采用经纬仪和直尺进行水平量测。一般根据前期的巡查，基本上可以对桥面的损伤进行大概的分区，使用经纬仪进行全桥的定点，再用直尺或水平拉尺进行纵向水平拉线，以直尺量出测点的深度，进行记录。特别要注意外车辙、内车道、伸缩缝道以及异常部位，现场必须对最大沉陷深度做出描述、评价、打分。

（2）桥面凹凸

①行车舒适性评价：很有感觉、没什么感觉。

②桥面观察（应注意纵向与横向方向的观察）：桥面凹凸、车辙、搓板现象范围很广、凹凸很明显；桥面凹凸、局部鼓包，凹凸为中等程度；桥面有较小凹凸，局部发生。

③以验平仪或直尺进行观测。在外侧车道、内侧车道的车辙、非车辙部位、可疑部位，设定测试线、测试点进行测定；测线（点）时，沿着路面中心线全桥布置测试点，并且在上述部位处还要进行局部量测。测试时有两种方法，一种方法用3m 验平仪进行测试，另一种直接采用搭接凹凸两头的高点后再直接量测最深点处的深度。

④高速量测仪。在外侧车道、内侧车道的车辙、非车辙部位、可疑部位，设定测试线、测试点进行测定；在检测车上安装测定仪，以垂直轴支撑测定轮，利用上下滑动结构，记录桥面纵向的凹凸状况。

（3）车辙

①行车中的感觉：车辆稳定性差，雨天溅水；车辆摆动，但能接受；车辆没有感到摆动现象。

②观察桥面：车辙深度大，范围广；车辙深度为中等、积水，影响了公路线形、坡度以及行车的稳定性；车辙深度较小，影响小。

③采用拉水平尺或直尺的方法：在车道两侧设基点，在基点间张拉水平线，以直尺量取由水平线到桥面的高度。定期检查测量位置，注意左侧车道，沿路检测左车辙、右车辙、可疑点位；沿纵向检测时要注意伸缩缝处、桥梁跨中部位。检测完毕后，要绘出桥面断面图、平面团及车辙的分布和位置。

④车辙测定车：由安装在车上的摄影装置及投影器材所构成，行驶车速在50～60km/h，以5m 以上的间距进行摄影。然后，根据解析系统，对摄影进行计算机处理，得到结论。

（4）裂缝和开裂

观察桥面：观察桥面裂缝，做出评价。一般要注意到，当裂缝为横向线状和网格状，宽度达3mm 以上时，应做详细调查；当裂缝为纵向线状或微细裂缝时，应注意施工缝和路缘边界处；当深度约通过面层厚度，有水时渗透开裂时，则应及时处理；对于微细裂缝或外部撞伤伤痕，没有其他扩散痕迹时，可不作处理，但应做描述和记录。

（5）其他

在进行以上调查时，也应注意到桥面的抗滑状况、洒落油、火灾、表面膨胀、坑槽等破损，以及其他异常情况，进行描述、记录、照相，并做出评价，判定是否需要进一步调查和应急处理。

4）检查与记录

检查要有记录，并且形成报告。这些记录对桥面的修补、养护管理都是十分重要的，同时也是桥梁的技术档案的重要组成部分。

此类表格有:巡回检查表、高低差检查表、凹凸检查表、车辙检查表、裂缝检查表、附表等。此类例表可作为参考,也可根据当地实际情况进行调整,或重新制表。

5)桥面质量检查

(1)巡回检查

巡回检查主要解决:损伤的范围、规模、紧急程度,以及对车辆行驶的安全度和缺陷状况的发展状况。

(2)定期检查

在检查路面状况时,应预测逐年的变化,用以制订下年度以后的养护及维修计划。当在某区间有超过维修范围的标准值时,则应进行详细调查和维修,进一步做出评价和判断。

(3)详细调查

在巡回检查、定期检查的基础上,进一步对桥面性能状况、交通量、铺装层的材质等,进行详细的调查和分析,综合车辆行驶方面的安全度和沿线条件,做出全面评价;编制维修计划和提出施工方法,做出维修时间的决定。

3.3.5 结构特殊部位检查

这里主要涉及桥梁的一些主体结构部位。主体结构部位关系到桥梁的安全及寿命,这些部位的变化容易产生裂缝和导致其他缺陷的产生,危及整座桥梁的安全。主要表现在:应力集中处、断面突变处、构件的薄弱处、拱桥的控制截面等。

1)梁桥检查部位

简支梁桥:跨中、1/4 跨径处、支座部位处。

连续梁桥、悬臂梁桥:跨中部位、反弯点(约 1/4 跨处)、桥墩处梁的顶部位、支座部位处。

刚构梁:跨中部位、角隅处、桥墩部位处。

2)拱桥检查部位

拱桥:拱顶下缘、1/4 跨径处下缘、拱脚处上缘和下缘;拱桥的变形峰、伸缩缝。

空腹式拱的腹拱墩台、座。

实腹段与空腹式交接部位处。

双曲拱桥:拱肋、拱波、拱板及交接部位处。

箱形拱桥:各个箱拱连接部位处。

3)吊桥检查部位

吊桥:地锚处、吊杆接头处、靠近墩台处部位、伸缩缝部位、吊索部位处。

斜拉桥:靠近墩台处、锚固部位处。

4)墩台检查部位

单桩式桥墩:支座部位、支座底板部位处。

Y 形桥墩:支座底板、混凝土浇筑缝、Y 形交叉部位处。

悬臂墩:支座底板、悬臂部位、角隅部位、混凝土浇筑缝等部位处。

悬臂刚构桥墩:支座底板、中点、角隅处、混凝土浇筑缝、水面处等部位处。

刚构桥墩:支座底板、角隅处、混凝土浇筑缝等部位处。

3.4 承载能力评定方法

在公路桥梁评定中，要求对桥梁使用状况及承载能力进行综合评价，鉴定该桥是否达到设计标准，是否具有良好的工作性能和承载能力。其中，首要地是对承载能力进行评价。其评价结果是作为桥梁制订维修、加固改造计划的主要依据。

在工程上，常把在评定中所采用的方法和评定标准统称为评定方法。旧桥的评定工作比设计一座新桥更复杂。目前，国内外的桥梁工作者都在致力于这项工作。旧桥评定方法很多，大致归纳为以下几种：

(1)外观检查对照规范进行评定；

(2)以理论分析计算为主进行评定；

(3)荷载试验评定；

(4)专家系统的评定方法；

(5)桥梁的结构可靠性分析。

本节仅对(1)、(2)两种评定方法，进行较详细阐述。

3.4.1 按外观检查进行评定

公路桥梁在使用过程中，经受着荷载作用、气候以及其他意外事故因素的影响，出现裂缝发生不正常的变形和破损。这些现象都显示出桥梁的一些病态，表明了承载能力发生了变化。针对桥梁现状，根据规范规定，可以初步判断出桥梁的承载能力。

1)根据桥梁综合状况对照规范进行评价(表3-8)

桥梁承载能力评价 表3-8

类别 项目	一　类	二　类	三　类	四　类
墩台	1. 墩台各部分完好； 2. 浅基已作防护处理，效果良好	1. 墩台基本完好，仅表面有局部缺陷； 2. 浅基未作防护处理，但无冲刷现象	1. 墩台出现缺陷，有失稳现象； 2. 桥基出现冲刷现象	1. 墩台不稳定，不滑动、下沉、冻害现象；圬工严重松动，裂缝有开合现象，变形大于计算值； 2. 桥基冲刷大于计算值，并有严重的冲空现象
支座	1. 各部分情况完好； 2. 活动支座、伸缩缝及转动正常	1. 支座有尘埃堆积，略有腐蚀； 2. 支座滑动面干涩	1. 钢支座螺栓松动； 2. 橡胶支座开始老化	1. 钢支座上下板开裂、螺栓折断； 2. 橡胶支座老化开裂； 3. 混凝土支座开裂压碎； 4. 活动支座坏死
砖石混凝土上部结构	1. 上部结构完好、无渗漏、无污染； 2. 裂缝宽度在容许范围内	1. 上部结构基本完好、仅表面有部分缺陷； 2. 裂缝宽度在容许范围内	1. 钢筋混凝土梁有剥落露筋； 2. 石砌拱圈部分变形； 3. 裂缝宽度已超过最大限值	1. 钢筋混凝土梁、拱有永久性的严重变形，顺主筋方向有纵向裂缝；钢筋已严重锈蚀，其他部位的裂缝已超过0.4mm； 2. 石砌拱圈裂纹大于2mm或发生开合现象

续上表

项目＼类别	一　类	二　类	三　类	四　类
栏杆、人行道	完整清洁	欠清洁，有个别杆件脱落	多处有明显损坏	严重歪斜、残缺、危及人身安全
载重能力	符合设计要求	达到设计要求	>75%达到设计要求	≤75%达到设计要求

注：1. 上下部承重构件作为桥梁技术状况主要评定对象，其中有一项不符合指标规定，按降一类处理。
2. 一类正常保养；二类小修；三类中、大修或加固；四类通过检验确定加固或改造。

2）根据桥梁裂缝和变形状况进行评价

桥梁裂缝分为有害裂缝和无害裂缝。

有害裂缝　指影响桥梁结构承载力，加大结构变形，使节点构造发生松动的裂缝。例如顺筋裂缝、拱圈分离裂缝、受力引起的过大裂缝等。

无害裂缝　包括：干缩裂缝、龟裂等的影响甚微等。

评价：不管什么原因引起的裂缝，只要数量和宽度大于容许规定的程度（表3-9），都会导致结构恶化，降低承载力，缩短使用寿命。

裂缝限值法　　表3-9

结　构	裂缝部位		最大裂缝宽度限值（mm）
普通钢筋混凝土梁	主筋附近竖向裂缝		0.25
	腹板竖向裂缝		0.30
全预应力混凝土梁	梁体	竖向裂缝	不容许
		纵向裂缝	0.20
	横隔板		0.30
砖、石、混凝土拱	拱圈横向		0.30
	拱圈纵向		0.30
	拱波与拱肋结合处		0.20
	墩台帽		0.30
墩台	墩台身	经常受侵蚀性环境影响	有筋0.20 无筋0.30
		常年有水，但无侵蚀性影响	有筋0.25 无筋0.35
		干沟或季节有水河流	0.40
	有冻结作用部分		0.20

（1）虽然裂缝宽度小于容许值，但是出现以下情况时，应予特别注意：裂缝的宽度发展过快，达到$\Delta\delta \geqslant 0.1$mm/6月；或者裂缝宽度不增加，但数量显著增加；裂缝的出现伴随着发生其他病害和缺陷，如裂缝伴随着墩台位移或梁的下挠。

在出现裂缝处，钢筋承受拉应力的能力，可以按公式计算：

$$\sigma = c_1 c_2 c_3 \frac{\sigma_g}{E_g}\left(\frac{30 + d}{0.28 + 10\mu}\right) \tag{3-1}$$

式中：c_1——与钢筋类型有关的系数，光面钢筋 $c_1=1.4$，螺纹钢筋 $c_1=1.0$；

$$c_2 = 1 + 0.5\frac{N_0}{N}$$

c_2——与荷载类型有关的系数，短期荷载 $c_2=1.0$，长期荷载；

N_0——长期荷载内力；

N——全部荷载内力；

c_3——与构建形式有关的系数，一般受弯构件 $c_3=1.0$；

d——钢筋直径(mm)，采用 $d=4A_g/S$ 公式计算，A_g 为钢筋面积，S 为钢筋周长；

μ——含筋率，$\mu>0.02$ 时取 0.02，$\mu<0.006$ 时取 0.006；

σ_g——钢筋应力(MPa)；

E_g——钢筋弹性模量(MPa)。

(2)桥梁的水平位移，对单孔拱桥的桥台要注意两桥台之间的水平位移 $\Delta_1+\Delta_2<L/2\,000$，再结合桥梁的整体状况进行综合性评价。

3）采用综合评分等级进行评价

把整座桥梁的各部分构件，按其作用不同分为重要部分、次要部分和附属部分；按缺陷严重程度，桥梁构件分为 6 个等级。

3.5 分析判断与选定加固改建方案

旧桥加固与改造方法多种多样，但是，必须针对不同类型的桥梁采用不同方法。现在的问题是：桥梁病害到什么程度才需要进行加固，加固时应采用什么方法，这就是本节所要讨论的问题。

3.5.1 判断旧桥需加固的标准

凡是旧桥出现以下情况之一者，就应对其进行加固和改造。

(1) 承载能力不足。根据现行通行的车辆对旧桥承载能力进行验算，若不能满足强度要求，就应进行加固处理。这里往往有两种情况：一是重型车辆增加，原有的桥梁承载能力不足，需要加固；二是为了使整条路线上或一条路段内桥梁的承载能力保持一致，对个别承载能力较低的桥梁，按目前载重要求进行加固改造。

(2) 经过鉴定后判断桥梁工作状态(应力)已经超过极限状态，需要进行加固处理。

(3) 桥的宽度不够，影响道路通行能力，应进行拓宽、加固处理。

(4) 桥梁结构局部或整体刚度不足，已影响了正常使用，为了提高桥梁的刚度，需要对其进行加固。

(5) 通过特殊重车，桥梁承载能力已经不能满足要求，需要临时进行加固处理。

桥梁是交通的咽喉，技术复杂、经济技术指标高。因此，在确定加固之前，应进行技术经济比较，做出科学判断，明确桥梁加固方法。

对桥梁进行加固需要考虑很多因素。首先，根据桥梁现有技术状况、存在的病害、车辆通行的需要，以及将来交通发展的趋势，对桥梁加固和技术改造必要性和可能性做出判断。然后，对加固改造方进行技术、经济比较，合理地选择加固方案。

3.5.2 桥梁加固改造方案的选定

公路桥加固和改造方案的选定，应遵循以下原则：

(1)桥梁加固后,无论结构性能、承载能力、耐久性方面能达到使用上的要求。

(2)桥梁加固一般以不改变原有结构形式为原则,采用加大受力截面或者修复原来桥梁构件,或者采用其他措施来提高桥梁的承载能力。

(3)首先,了解和判断桥梁下部结构的承载能力潜力,以满足加固后所增加桥梁的自重和活载对基础的要求。如果基础或墩台的承载力不足,或上部结构缺陷是由墩台和基础的沉降和位移所引起的,就要先对下部结构进行加固处理。

(4)桥梁加固的经济效益比较结果,直接影响加固方案和设计是否被采用决定因素之一,常采用结构改善系数和成本效益系数两个指标进行对比。

(5)桥梁加固的方式,要依据桥梁结构形式、承载能力减弱程度或今后交通运输趋势综合研究确定。

(6)其他因素。在选定桥梁加固方案,还应考虑到以下因素:加固设施的养护费用;加固时的交通阻碍造成的运输上的损失;加固技术的耐久性、施工安全性、对环境的干扰程度等,这些因素都不能忽视。

3.5.3 加固设计时应注意旧桥演算要点

进行旧桥加固改造前,需要先进行详细设计工作;对于关键技术措施,应进行室内试验,掌握技术要求和检验方法,特别要提出注意以下几点:

(1)加固后的桥梁,在使用荷载作用下,原有结构和新增结构各部分的强度、刚度和裂缝,均应符合现行的设计规范要求。

(2)仅要求提高承载能力时,加固改造工作可以在原有的结构保持恒载应力状态下进行。此时,原有结构的全部恒载加固后所增加的恒载,均由原结构件承担,活载由原结构和新增加的构件或加大后的截面共同承担。

(3)如果通过检测和计算,原结构的应力已经接近或已超过容许限值,需要减小原桥的恒载应力时,应该采取一定的卸载措施,如:减少拱桥的拱上填料;用轻质材料更换原桥面铺装层;用外部预应力使桥梁产生上拱度,或者将桥梁中部适当位置顶起。在桥梁恒载除去部分恒载的情况下进行加固,此时,新增加构件(截面)除与原构件共同承担活载外,还承担原有结构的一部分恒载;新结构按整体受力计算。

(4)采用增大截面法进行旧桥加固改造时,由于新结构的材料性质或混凝土之间收缩不均匀,引起结构内力的重分布,在新旧材料或新混凝土的衔接面上将出现较大的拉应力,容易出现裂缝而影响到结构的整体性。因此,必要时应进行收缩力的验算。为了减少混凝土收缩的不利影响,新浇的混凝土不宜采用过高强度的水泥和较大的水灰比,并在混凝土中设置钢丝网或加入玻璃纤维,或者采用性能相近的材料进行加固补强。

【思考题】

1. 桥梁检测的种类有哪些?
2. 桥梁检测的主要项目有哪些?
3. 桥梁检测资料收集有何要求?
4. 如何检测桥梁混凝土的碳化深度?
5. 支座和伸缩缝的检测各包括哪些内容?

单元4　粘贴钢板加固法原理与施工要点

【学习要求】 本单元以上海市苏州河河南路桥为例，介绍了粘贴钢板在旧桥加固实际工程中的运用，还介绍了粘贴钢板加固法的原理，着重阐明了粘贴钢板法的施工技术和质量控制。特别说明了该方法的工艺流程和施工注意事项。通过本单元的学习，学生重点掌握粘贴钢板加固法的施工工艺。

【知识目标】 1. 了解粘贴钢板加固法的基本原理；

2. 掌握粘贴钢板加固法的工艺流程；

3. 理解粘贴钢板加固法的施工注意事项。

【能力目标】 1. 能正确运用粘贴钢板加固法进行桥梁结构的加固；

2. 能准确按要求进行建筑结构胶的选择和配制。

4.1　粘贴钢板加固法原理

粘贴钢板法，是采用环氧树脂系列黏结剂将钢板粘贴在钢筋混凝土结构物的受拉缘或薄弱部位，使之与结构物形成共同受力的整体，以提高其刚度，改善原结构钢筋混凝土的应力状态，提高结构的承载能力，达到补强效果的一种加固方法。

用粘贴钢板来加固桥梁，在国内已得到广泛的应用，有不少应用实例。这是因为这种加固法具有如下优点：

(1)不需要破坏被加固的原有结构物；

(2)加固工程几乎不增大原结构的尺寸；

(3)尽管工程质量要求很高，但施工时并不要求高级的专门技术人员操作；

(4)能在短期内完成加固工程；

(5)几乎可以不改变具有历史价值建筑物的原有艺术特点。

粘贴钢板加固的常用形式有：板梁桥或T梁桥梁底粘贴纵向钢板加固、箱梁或T梁（或工字梁）梁腹粘贴斜向钢板加固、悬臂梁牛腿处或挂梁端部粘贴钢板加固、拱桥拱圈粘贴钢板加固等。为保证钢板与被加固的构件形成整体，钢板必须有足够的锚固长度，黏结剂具有足够的黏结强度和耐久性。为避免钢板脱胶拉开，端部可用加紧螺栓固定，但必须注意不要对构件截面造成不必要的损伤。

4.2　粘贴钢板法施工技术与质量控制

本节以上海市苏州河河南路桥（图4-1）加固工程为例，介绍粘贴钢板法加固的施工技术和质量控制。

4.2.1　苏州河河南路桥概况

上海市苏州河上的河南路桥为单悬臂加挂梁的钢筋混凝土桥，全长64.68m，三孔跨径组

图 4-1　上海苏州河河南路桥

成为 13.41m + 37.64m + 13.41m。其中中孔挂梁长 17.22m，两悬臂长均为 10.25m。两边孔及两单悬臂均为钢筋混凝土箱形结构。

(1)钢筋混凝土单悬臂梁的混凝土碳化深度已达到或超过混凝土保护层，在潮湿环境下引起大面积的钢筋锈蚀，造成混凝土保护层崩裂，局部钢筋截面面积减小，特别是单悬臂梁腹板箍筋和人行道板底钢筋截面面积减小较严重。同时，这些区段钢筋与混凝土之间黏结力减弱，个别甚至丧失，因此本桥钢筋混凝土结构目前已处于非正常使用状态。

(2)箱梁各室顶板和腹板上缘有纵向负弯矩引起的横桥向受力裂缝，顶板底部的裂缝宽度已达 0.2mm，个别已超过 0.2mm，顶板有多处渗水，顶板顶面（桥面）横桥向裂缝的宽度比板底裂缝还要宽。这是造成顶板渗水的主要原因，也是造成箱梁顶板和腹板的钢筋锈蚀及混凝土崩裂的主要原因之一。这些钢筋若继续锈蚀，将降低本桥的实际承载能力和安全度。

(3)边孔箱梁底缘有顺桥向裂缝，间隔为 1.5m 左右，裂缝宽度达 0.2 ~ 0.5mm。产生纵向裂缝的主要原因是，箱梁底板下缘横向配筋较少，而且底板底缘横向钢筋不是通长的，在箱肋边弯起。这不仅使该处钢筋有效长度减小，而且形成内折角，抵抗横向弯曲能力降低。

(4)混凝土保护层崩裂，钢筋锈蚀，设计采用粘贴钢板法进行加固。

4.2.2　粘贴钢板法加固箱梁

1)加固前处理

(1)仔细凿除崩裂和起壳的混凝土保护层。为保证修补材料与老混凝土之间在周边黏结良好，凿除部分的周边应有碗口形明显轮廓，周边轮廓深度至少 3cm。

(2)若钢筋仅外侧（靠保护层一侧）锈蚀，则只需凿除混凝土保护层部分即可；若钢筋内侧也锈蚀，则沿钢筋周围的混凝土均要凿除，内侧凿除深度至少 2cm 以上，直至露出好混凝土为止。

(3)锈蚀的钢筋必须严格除锈，直到露出金属光泽。

2)修补材料的选择及相应的黏结面处理方法

(1)凿除深度达 5cm 以上，可选择 C30 微膨胀快硬硫铝酸盐水泥拌制的小石子混凝土填补，或采用 C30 水性微膨胀聚合物小石子混凝土填补。填补前必须充分湿润混凝土表面（无积水），并在修补前涂刷双组分混凝土界面剂，在未凝固前就浇筑填补微膨胀小石子混凝土，并用模板顶压，防止流淌，潮湿养护至少 7d。

(2)凿除深度小于 5cm 者或正好位于粘钢部位，均应选择强度达 C30 以上的环氧树脂胶砂浆填补。填补前，必须用无油棉丝蘸丙酮仔细清洁黏结面（包括钢筋）并保持干燥；然后用无填料的树脂胶在黏结面上涂敷设薄层，使其浸润黏合面表面；然后再填补含填料的树脂胶砂浆。对顶面及侧面修补时为了避免树脂砂浆流淌，应用包裹聚乙烯塑料薄膜的模板顶压着，并封闭缝隙。

3）粘贴钢板加固工艺流程

工艺流程如图4-2所示。

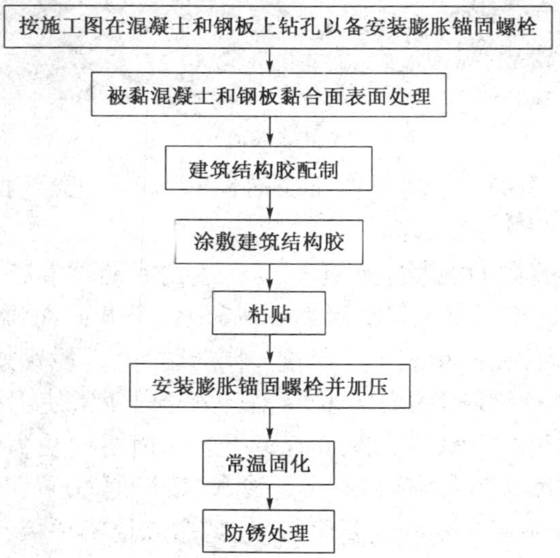

图4-2　粘贴钢板加固工艺流程图

4）粘钢加固措施

（1）膨胀加固螺栓孔眼放样并钻孔。按施工图的加固位置，在混凝土黏合面处选用与膨胀加固螺栓相应直径钻头，并用电钻（冲击钻）钻孔。由于钢筋混凝土内部有钢筋，而且钢筋位置误差较大，容易在钻孔时碰到钢筋阻碍，故事先可用钢筋探测器确定钢筋位置，并容许为避开内部钢筋而适当移动孔眼位置。待混凝土黏合面上孔眼全部钻成后，用薄纸覆盖在混凝土面上画出混凝土孔眼位置；然后覆盖到钢板黏合面上，用电钻钻取相应孔眼，以使二者孔眼对准；然后把钻有孔眼的钢板覆盖到混凝土黏合面处。核对孔眼位置，如有不吻合还可修正。

（2）混凝土黏合面表面处理。

①用斩斧在黏合面上依次轻斩混凝土表面，斩斧纹路应与受力方向垂直，除去表层0.2～0.3cm以露出砂石新面，并除去粉粒（可用无油压缩空气吹除或用毛刷扫除表面粉粒）。

②用无油棉丝蘸丙酮擦拭混凝土黏合面，除去油污。

③保持混凝土黏合面干燥清洁状态。

（3）钢板表面处理。

①钢板黏合面必须进行除锈和粗糙处理。

②钢板黏合面可用喷砂或平砂轮打磨除锈，直至出现金属光泽；钢板黏合面应有一定粗糙度，打磨纹路应与钢板受力方向垂直。

③用无油棉丝蘸丙酮擦拭钢板黏合面，直到用新棉丝蘸丙酮擦拭后不见污垢为止。

5）建筑结构胶配制

（1）建筑结构胶选择。选择砚-JGN型建筑结构胶。它由甲乙两组分组合而成，甲组料为结构胶基料，乙组料为固化剂。两组材料配合后必须在30min内使用，否则开始固化后就无法黏合。

(2)配合比(质量比)。矾-JGN 型建筑结构胶两个组分的配合比例按该胶说明书采用,配合时,称量必须准确。

(3)拌和配合工艺。

①使用易散热的宽浅软塑料(聚乙烯)盆或筒作为盛器,容器内不得有水和油污,保持清洁。

②先称好并放入需要量的甲组料。

③然后放入与甲组料相应的事先称好的一定量的乙组料。

④必须充分拌和。拌和可用人工,也可用电动搅拌器拌和,一般以后者为好,省力,易拌均匀。搅拌应按同一方向进行,避免产生气泡;搅拌时,避免脏水分进入容器。

6)建筑结构胶涂敷和黏合工艺

(1)选择晴朗、干燥天气操作。

(2)将新配好拌和均匀的建筑结构胶,用刮刀(铲刀)紧密地、均匀地分别涂抹在做过表面清洁处理的混凝土黏合面和钢板黏合面处,使之充分浸润在黏合面上。

(3)在混凝土孔眼中挤入结构胶。塞上胀锚螺栓(胀锚螺栓也要用丙酮擦拭除油污)。

(4)然后再把结构胶涂抹在钢板黏合面上,使之在板宽中央涂抹胶的厚度达 3mm,两侧可薄一些,并由多人共同托住钢板,对准胀锚螺栓向混凝土黏合面合上,并迅速拧紧胀锚螺栓锚固钢板,使钢板与混凝土黏合面紧密黏合,挤出多余建筑结构胶。

(5)涂胶饱满程度检查。用手锤沿粘贴面轻轻敲击钢板,如无空洞声表示已粘贴密实,否则应剥下钢板,重新补胶粘贴。

7)固化时间及粘贴质量检查

(1)拌和的建筑结构胶,其基本固化时间约 24h,此后即可受力。

(2)同化后,应用小锤轻轻敲击钢板,由声响判断黏结效果。黏结面积应不少于 90%,否则此黏结件不合格,应剥下重新粘贴或采取有效措施补粘或补强。

8)钢板防锈处理工艺

(1)钢板外露部分在涂漆前必须除锈,用丙酮擦去油污,并保持干燥。

(2)防锈涂料可采用矾-JLN 型特防三涂。涂刷特防胶前,钢板必须除锈,呈金属光泽,由丙酮除油污,进行严格清洁处理后,才可进行涂刷。后涂必须在前涂固化后才能进行。

9)注意事项

(1)由于清洁剂丙酮是易燃物质,应由专人管理,使用时应严格禁止操作者吸烟,以防失火。

(2)黏合面处理必须严格按照要求执行,粘钢质量主要取决于建筑结构胶的质量和黏合面清洁处理。

(3)由于拌和配好的建筑结构胶使用期为 30mim,因此黏合前必须事先做好一切准备工作,然后再配胶。这样才能保证在使用期内完成黏合操作。

(4)关于钢板焊接接长工艺:

①钢板采用对焊,焊缝与受力方向应成 45°角。

②焊缝不应布置在受力最大处,如板的跨中不应设置焊缝。

③在粘钢前,应对钢板焊缝质量进行抽样试验,力学试验合格,才能使用。

④粘钢现场工具:常用的工具有电钻器、电动搅拌器、计量工具、聚乙烯塑料容器等。

10)工程质量验收

(1)撤除临时固定设施后,用小锤轻轻敲击钢板是否有空鼓现象,由声响效果判断是否密实,或用超声波法探测黏结密实度。如锚固区小于90%,非锚固区小于70%时,黏结件无效,应重新黏结。

(2)必要时加固后进行荷载试验。

【思考题】

1. 粘贴钢板加固法的基本原理是什么?
2. 粘贴钢板加固法的工艺流程是什么?
3. 如何进行建筑结构胶选择和配制?
4. 粘贴钢板加固法有哪些注意事项?

单元5　纤维加固法原理与施工要点

【学习要求】　本单元从纤维加固材料的特性出发，介绍了碳纤维、玻璃纤维和芳纶纤维布在旧桥加固中的运用，说明了纤维加固法的原理和特点，阐述了该方法的工艺流程和施工注意事项。通过本章的学习，让学生重点掌握纤维加固法的施工工艺。

【知识目标】　1. 了解纤维加固材料的特性；
2. 理解纤维加固法的基本原理；
3. 掌握纤维加固法的施工工艺。

【能力目标】　1. 能正确运用纤维加固法进行桥梁结构的加固；
2. 能准确对纤维加固法进行施工质量控制。

5.1　纤维加固法原理

5.1.1　概　述

随着社会的发展，人们对已建及在建的基础设施提出了更高的要求。现有的道路桥梁，一般都是在超负荷运行，加上其他方面的影响，致使桥梁面临多种结构性或非结构性的破坏，如承载力不足、设计荷载标准低、年久失修等，使得这些结构不能满足现有交通的要求。所以对这些结构进行加固，已是当务之急。相对于传统的加固方法，用纤维加固桥梁构件，不仅具有轻质高强、高弹模、耐腐蚀、耐久性好、抗冲击等优点，而且拥有施工便捷、无需大型机械、工期短等优势。碳纤维、玻璃纤维和芳纶纤维布已应用于桥梁维修加固工程中。

自20世纪70年代末，欧洲进行纤维增强复合材料（FRP）在土木工程中的应用研究以来，具有极好的比强度和比刚度、优秀耐腐蚀性的纤维增强复合材料，已广泛用于混凝土结构的粘贴加固工程中，形成了纤维增强复合材料补强加固已有混凝土桥梁的新技术，其中碳纤维增强复合材料（CFRP）应用最多。下面根据国内外关于碳纤维增强复合材料补强加固的工程研究，介绍这一新技术的材料特性、施工方法和技术措施。

在桥梁加固工程中，碳纤维布材主要用于混凝土桥梁的基本构件和节点的加固补强。其加固的效果，主要是提高构件的抗弯承载力、抗剪承载力以及受压构件的轴向抗压承载力；提高构件的刚度以及延性。除此之外，许多室内及现场试验证明，碳纤维片材加固的混凝土构件裂缝宽度发展可以得到控制。

5.1.2　碳纤维片材

碳纤维片材，特别是碳纤维布质量轻且厚度薄，具有一定柔度，在混凝土桥的有关部位加固较灵活（图5-1）。碳纤维片材因碳纤维排列方向不同而使各方向拉伸强度不相同。碳纤维片材的纤维方向与受力向相同时，其拉伸强度最高；反之，纤维方向与受力方向垂直时，其强度最低。因此，在采用碳纤维片材进行加固设计中，必须正确掌握纤维的布置方向。根据混凝土构件加固计算，可以采用连续式粘贴或条带间隔粘贴碳纤维片材的方式。研究表明，分条加固的效果要优于整条布的加固效果。

图 5-1　碳纤维片材加固旧桥施工现场

碳纤维增强复合材料补强加固所采用的基本材料为高强度或高弹性模量的连续碳纤维，纤维单向排列成束。用环氧树脂浸渍固化的碳纤维板或未经树脂浸渍固化的碳纤维布，统称碳纤维片材。将片材用专门配制的粘贴树脂或浸渍树脂粘贴在桥梁混凝土构件需补强加同部位的表面，树脂固化后与原构件形成新的受力复合体，共同工作。

碳纤维片材的拉伸强度在 2400 ~ 3400MPa 之间，比普通碳素钢板的拉伸强度（240MPa）高得多。

碳纤维片材的弹性模量依片材力学性能不同，分成高模量、高强度和中等模量三类。高模量碳纤维片材的弹性模量较高，但其伸长率较低。

碳纤维片材的密度比钢材低许多，不会增加结构自重。碳纤维的化学结构稳定，本身不会受酸碱盐及各类化学介质的腐蚀，有良好的耐寒和耐热性。

碳纤维片材施工方便，无需任何夹具、模板，能适应各种结构外形的补强而不改变构件外形尺寸，可多层粘贴，并能有效地封闭混凝土的裂缝，适用于各种形式的钢筋混凝土结构或构件的加固补强。利用专用环氧树脂将抗拉强度极高的碳纤维片粘贴于混凝土结构表面，两者能形成整体，共同工作。

碳纤维片材的种类和性能见表 5-1。

碳纤维片材的种类和性能　　表 5-1

材料名称	纤维种类	纤维质量（g/m^2）	设计厚度（mm）	抗拉强度（MPa）	弹性模量（MPa）
TXD-C-20	高强度碳	200	0.111	3 400	2.3×10^5
TXD-C-30	高强度碳	300	0.167	3 400	2.3×10^5
TXD-M5-30	高弹性模量碳	300	0.165	2 900	3.9×10^5

5.1.3　配套树脂类黏结材料

混凝土结构加固修补配套树脂系统包括：底层涂料，用于渗透过混凝土表面，促进黏结并形成长期持久界面的基础；油灰，用于填充整个表面空隙并形成平整表面以便使用碳纤维片材;浸渍树脂或黏结树脂,前者用于碳纤维布粘贴,后者用于碳纤维板粘贴。

浸渍树脂或粘贴树脂,是将碳纤维片材黏附于混凝土构件表面并与之紧密地结合在一起形成整体共同工作的关键。因此,树脂同混凝土的粘贴强度应大于混凝土的拉伸强度和剪切强度。

底层涂料的种类和性能见表5-2。

底层涂料的种类和性能 表5-2

内 容	材料名称 TP(EPOTHERM PRIMER)		
	TP350W	TP350S	
适用温度(℃)	5～15	15～35	
可使用时间(min)	20～145	45～205	
指触干燥时间(h)	3.9～9.0	2.5～10.5	
性状	淡黄色透明胶状物		
性能指标	与混凝土黏结强度(MPa)	抗压强度(MPa)	抗拉强度(MPa)
	≥2	—	—
主要用途	涂刷混凝土表面用(可渗入混凝土表面内)		

修补用环氧腻子的种类和性能见表5-3。

修补用环氧腻子的种类和性能 表5-3

内 容	材料名称 TE(EPOTHERM PUTTY)		
	TP350W	TP350S	
适用温度(℃)	5～15	15～35	
可使用时间(min)	30～160	50～210	
指触干燥时间(h)	3.5～10.0	3.0～10.0	
性状	乳脂状		
性能指标	与混凝土黏结强度(MPa)	抗压强度(MPa)	抗拉强度(MPa)
	≥2	≥50	—
主要用途	修补混凝土表面缺陷及找平用		

黏结用环氧树脂的种类和性能,见表5-4。

黏结用环氧树脂的种类和性能 表5-4

内 容	材料名称 TR(EPOTHERM RESIN)		
	TP350W	TP350S	
适用温度(℃)	5～15	15～35	
可使用时间(min)	33～170	70～＜180	
指触干燥时间(h)	4.0～12.0	6.0～18.0	
性状	乳脂状		
性能指标	与混凝土黏结强度(MPa)	抗压强度(MPa)	抗拉强度(MPa)
	≥30	≥40	≥10
主要用途	黏结碳纤维片		

就公路混凝土桥梁用碳纤维片材加固技术而言,环氧树脂在不同施工环境温度下的固化性能有着十分重要的意义,因为这与粘贴工作质量优劣及如何尽量减少桥上正常交通中断时间紧密相关。采用专配的环氧树脂材料,在混凝土施工表面温度(10~40℃)下,粘贴环氧树脂固化时间约15h以上,但粘贴后就可以使用的时间为45min以上。专配的环氧树脂材料的这一性能是完全能够适应混凝土桥梁的加固工作。

5.2 纤维加固法施工技术与质量控制

5.2.1 芳纶纤维布加固混凝土构件

1)芳纶纤维布加固施工控制流程

施工控制流程见图5-2。

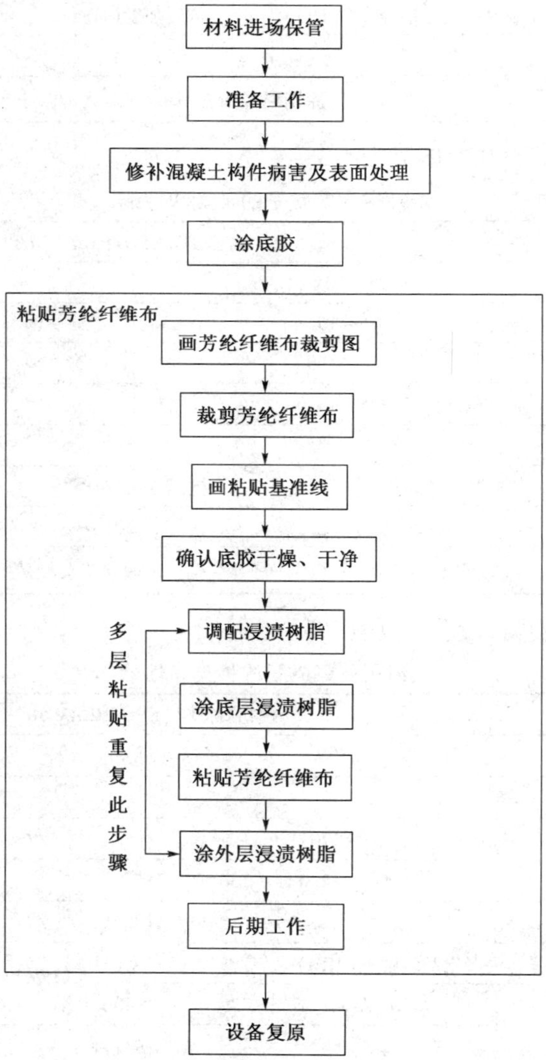

图5-2 芳纶纤维布加固施工控制流程

2）施工前准备工作

准备工作包括：准备材料、场地、工具及保管工作。

（1）准备材料。

芳纶材料系统：根据加固设计准备相应型号的芳纶纤维布。

树脂系统：底胶、整平树脂和浸渍树脂。

（2）准备场地。

①搭建工作台、保护设施。当修补补强作业是在高处时，周围一般要设置脚手架。为了防止粉灰树脂的飞散，防止雨浸、风吹，防寒，要搭设防护布。

②妨碍施工的现存设施要去除、转移。在补强结束后，需要将原设施复位时，应事先记下螺钉孔、埋设金属等部件的位置。

（3）准备纤维加固工具（略）。

（4）保管工作。

①芳纶纤维布必须存放于不受水、灰尘污染的干燥暗处；在施工前不要长时间放置在阳光直射、高温等处。

②底胶及浸渍树脂必须存放于不受水、灰尘污染的干燥、阴暗处。

3）混凝土处理

拟加固的构件混凝土必须完整无缺。混凝土有局部破损、剥落、开裂的，应按加固设计方案进行修补；宽度大于2mm的裂缝，应采用化学胶先行闭合处理。在病害处理完成后，再做混凝土表面处理。

（1）基面处理。

①混凝土表面的一般处理。剪切补强、韧性补强时，原则上应除去表面的涂层、灰尘、油污及混凝土浮浆；弯曲补强时，原则上要打磨到细集料露出为止。

②基面轻微的模板对接凸起或错位，要打磨平。转角部分要进行倒角处理。芳纶纤维同其他高性能纤维相比对弯曲的追随性较好，弯角处的圆弧原则上处理成相当于半径10cm的圆角即可，所以不必加工或只打一遍砂纸就行了。

③脱落、剥离、裂缝的地方，要注入树脂或填充砂浆进行修补。用砂浆或腻子进行修补时，为了确保与混凝土的黏结性，要事先涂黏结剂。

④用丙酮或无水酒精擦拭表面。也可以用清水冲洗，但必须保证其充分干燥后，才能进入下一道工序。

（2）病害处理。

结构补强要求混凝土必须有一定的强度（原则上不低于原构件混凝土的强度等级，且不低于C15）。如果达不到，则必须剔除或注浆处理，同时必须进行裂缝注胶。

注胶存在的问题：①混凝土表面的一般处理，有些黏结材料不能渗透进入非常细但又具有破坏力的裂缝，施工时应严格控制；②由于裂缝的内部条件不同，注入的树脂会因为移位或被吸收而黏结不完全。

解决方案：采用裂缝注射工法。此方法为一种低压低速连续自动注射的施工法，使裂缝修补达到很好效果，从而恢复建筑的耐久性，同时也提高了施工时的工作效率。

①裂缝注射工法的质量控制方法：

裂缝注胶时，一般每20cm选择一个注射点。注射点用电钻打孔，一般要求有6～8cm的深度;同时孔的方向最好跟注射面有一个角度,以利于重力的作用。

②裂缝注胶的特点:

裂缝注射工法运用了BC橡胶来,确保了在低压低速的条件下进行流畅、匀速、稳定地注射,这使注射物能够更深更有效地渗入裂缝。注射压力的控制只需通过简单地增加或减少橡皮筋的数量来解决。注入量由透明的圆管上的容量刻度控制,以毫升为单位。注入量一目了然,可以准确容易地控制注入量。

残留在圆管注射器里的材料的固化速度和注入裂缝里的材料固化速度是一样的。通过检查圆管注射器里残留材料的固化速度,可以确定裂缝的固化程度。因此,固化情况的检查非常简单,即检查注射筒里的树脂硬化情况就可以了。

裂缝注射工法可使很多个注射器同时工作,不需要大量的技术人员各自去逐个修补裂缝,因而提高了工效。

裂缝注射工法解决了传统的施工法采用高速强压的手段注胶,但也有不能确保稳定地完成注射工作的缺陷。裂缝注射工法则可以用于0.05~2mm的裂缝。

4)涂底胶

涂底胶旨在确保混凝土与纤维布及浸渍树脂有高度的黏结力。一般来说,底胶可以渗透到2~3cm深度的混凝土里面,从而增强表面混凝土的一体性。

(1)涂抹原则

①涂抹底胶前,要确认混凝土的表面干燥。潮湿状态下,要进行干燥处理或采用湿润底胶。

②底胶在指触硬化前,外界温度若在5℃以下,要采取适当的保温措施或者采用低温型底胶。

③底胶要按照一定的比例混合,充分搅拌使其混合均匀。每次调和的树脂都要尽可能在规定时间内用完。

④用滚筒将底胶均匀地涂在施工面上。底胶的使用量要以产品的规定使用标准为基准,不过还应根据外界温度和混凝土表面状况等因素做适当调整。

(2)涂抹底胶操作方法

①施工面的污渍需除去,清洗干净并使之干燥。

②主剂和硬化剂应严格按5 2(质量比)调配,并充分混合。

③每次调配的量不要太多,应尽量在可用时间内用完。

④施工后24h内应注意养护。

⑤容器上若附着树脂,应在硬化前用有机溶剂洗去。

⑥40℃以下密封储藏。低温时硬化会变缓,应在5℃以上环境下使用。

为保证材料的附着性,应在底胶涂布后3日内涂上层树脂。

(3)树脂硬化后的指标(表5-5)。

树脂硬化后的指标 表5-5

项目 \ 品名	FL-2000S(夏季)	FL-2000W(冬季)
相对密度	1.10±0.10	1.10±0.10
压缩屈服强度(MPa)	50.0以上	50.0以上
压缩弹性模量(MPa)	1×10^3以上	1×10^3以上
抗弯强度(MPa)	40.0以上	40.0以上
张拉强度(MPa)	20.0以上	20.0以上

5)粘贴芳纶布

粘贴芳纶布时,可以在粘贴位置上涂浸渍树脂,也可以在芳纶布上涂浸渍树脂,视施工条件而定。具体步骤为:

(1)涂浸渍树脂时,确认黏结剂表面已经指触干燥,并除去附着水分。

(2)纤维布要按设计图纸剪成适于粘贴的长度。

(3)浸渍树脂要按一定的比例混合,充分搅拌使其混合均匀。

(4)每次调和的树脂要在规定时间内用完。

(5)用滚筒将树脂均匀地涂在施工作业面上。

(6)涂浸渍树脂后,必须迅速将纤维布粘贴上去。树脂与纤维布之间不能夹有空气。

(7)纤维布已经充分浸透底层树脂后,再涂一层浸渍树脂,要注意均匀涂刷,完全覆盖。

(8)粘贴两层或两层以上时,重复(5)~(7)步骤。

渍浸树脂在指触硬化之前,外界温度如在5℃以下时,要采取适当的保温措施或采用低温型底漆。

6)保护层

(1)作用及目的。

外层涂装,用以保护纤维布。其作用如下:

①遮断紫外线,防止浸渍树脂及纤维布老化;

②防止偶然荷载造成损伤;

③提高耐火性能;

④增强美观性。

(2)种类及性能。

常用的外层防护方式有两种:第一种就是使用涂料涂装,一般是在外层浸渍树脂完全硬化后涂装,否则涂料随着浸渍树脂的硬化会有开裂现象,从而影响外观;第二种就是采用水泥砂浆抹面,这种防护方式需要注意,为了便于挂浆,增加砂浆的附着力,最好在外层树脂刚刚涂刷完后,撒上一层石英砂。

5.2.2 碳纤维布加固混凝土构件

1)碳纤维布加固施工控制流程

碳纤维布加固施工控制流程参考芳纶纤维加固施工控制流程图(图5-2)。

2)施工前准备工作

准备工作包括:准备材料、场地、工具及保管工作。

(1)准备材料

纤维材料系统:根据加固设计准备相应型号的碳纤维布。

树脂系统:底胶、整平树脂和浸渍树脂。

(2)准备场地

①搭建工作台、保护设施。当修补补强作业是在高处时,周围一般要设置脚手架。为了防止粉灰树脂的飞散,防止雨浸、风吹,防寒,要搭设防护布。

②妨碍施工的现存设施要去除、转移。在补强结束后需要将原设施复位时,事先记下螺钉

孔、埋设金属等部件的位置。

（3）准备工具（略）。

（4）保管工作。

①碳纤维布必须存放于不受水、灰尘污染的干燥暗处。在施工前不要长时间放置在阳光直射、高温等处。

②底胶及浸渍树脂必须存放于不受水、灰尘污染的干燥暗处。

3）混凝土处理（略）

4）粘贴碳纤维布施工质量控制

（1）对被加固混凝土基面的要求。

碳纤维布加固混凝土构件依赖于碳纤维布与构件表面混凝土的黏结效率。结构补强要求混凝土必须有一定的强度（原则上不低于原构件混凝土的强度等级，且不低于C15）。如果达不到，则必须剔除或注浆处理，同时必须进行裂缝注胶。

（2）碳纤维布的搭接与截断。

加固用的碳纤维布一般不宜在主纤维方向搭接，尤其是用于受拉构件和受弯构件的受拉区的加固。

根据试验结果，黏结应力主要集中于端部100mm范围内。黏结破坏是脆性的，且黏结应力一般不会产生扩展。因此，搭接长度应不小于100mm，且搭接端部应平整、无翘曲；多层搭接的各层接口应错开，每一层接口的位置的净距宜大于200mm。

对于受弯构件，宜在受拉区沿轴向平直粘贴碳纤维布进行补强，并在主纤维方向的截断面端部进行附加处理。

（3）其他注意事项。

①现场气温低于5℃及下雨天或可能结露时，应停止施工。

②在施工场地应做好防火等安全工作。

③各种胶黏在皮肤上时，要用肥皂水冲洗，特别是如果进入眼睛内要立即冲洗，或接受医生诊治。

【思考题】

1. 纤维加固法的基本原理是什么？
2. 碳纤维片材的特点和优点有哪些？
3. 如何进行纤维材料底层材料和粘贴材料的选择？
4. 芳纶纤维布加固施工控制流程是怎样的？
5. 利用芳纶纤维布加固前，要如何进行混凝土的处理？

单元6 增大截面加固法原理与施工要点

【学习要求】 本单元以河北省香河县唐通线义井大桥的加固为例,介绍了上部构造和下部构造的增大截面法加固旧桥的方法;阐述了增大截面加固法的原理;列举了增大构件截面的四种途径;分别是增加受力主筋截面、加大混凝土截面、加厚桥面板和喷锚加固;说明了增大截面加固法的施工方法和质量控制要求。通过本单元的学习,让学生重点掌握增大截面加固法的施工工艺。

【知识目标】 1. 了解增大截面加固法的基本原理;

2. 理解增加受力主筋截面、加大混凝土截面、加厚桥面板和喷锚加固的施工工艺;

3. 掌握增大截面加固法的质量控制要求。

【能力目标】 1. 能正确运用增大截面加固法进行旧桥加固设计;

2. 能准确对增大截面加固进行施工质量控制。

6.1 增大截面加固法原理

有一部分桥梁,由于修建年代对荷载等级要求不高,因此这些按当时荷载等级设计的桥梁,面对今天交通事业的发展,已表现出荷载等级偏低、承载能力不足的弱点。其主要原因之一是原桥截面偏小,不能满足荷载等级提高的要求。对于这部分桥梁可以采用增大构件截面的方法进行加固。

增大截面加固法,顾名思义,是采用同种材料——钢筋混凝土,来加大原混凝土结构的截面面积,以此达到提高结构承载能力、提高结构刚度的目的。

增大构件截面的途径有增加受力主筋截面、加大混凝土截面、加厚桥面板和喷锚加固四种方法。

对抗拉强度不足的简支梁桥进行补强施工时,可以在梁底部(受拉区)或侧面增配补强钢筋,或在腹板上增设补强钢筋,然后喷涂或浇筑混凝土,从而使梁的抗弯截面增大,以提高梁的承载能力。

增大梁截面和配筋加固方法的优点是:能在桥下施工,不影响交通,加固工作量不大,而且加固的效果也较为显著。因此,在梁结构补强加固中,这是一种应用较多的方法。

增大构件截面和配筋来提高主梁承载力的加固法一般多用于梁板桥的加固,也可用于拱桥主拱圈加固。对于板梁桥,主要是考虑增设板梁底面的加强主筋和截面;对于T梁桥除考虑增设梁底主筋和截面外,还需设置套箍。

6.1.1 加焊主筋加固法

当结构因主筋应力超过容许范围,而又受到桥下净空限制不宜加大截面高度时,可采用只增焊主筋的方法进行加固,其加固要点如下。

(1)增焊主筋。首先凿开梁的混凝土保护层,露出主筋,将原箍筋切断拉直,再把新增钢筋焊在原主筋上。增焊钢筋的断头宜设在弯矩较小的截面。采用断续双面焊缝，从跨中向两端依次施焊，以减少焊接时的温度应力影响。

（2）增设箍筋。如果原桥梁的箍筋不足，梁出现剪应力裂缝，则加固过程中，在增焊主筋的同时，应在梁的侧面增加箍筋。具体做法是在梁腹上埋入销钉，把补充的箍筋固定起来，并把箍筋上端埋入桥面板中。

（3）卸除部分恒载。加固时为了减小原结构的截面应力，使新增加的钢筋充分发挥作用，有条件时应采取多点起顶措施，将梁顶起，或凿除部分桥面铺装，然后再进行加固（起顶位置和吨位由计算来确定）。

（4）恢复保护层。钢筋焊接好并接长箍筋后，应重新做好保护层。材料最好是用环氧树脂小石子混凝土（砂浆）或膨胀水泥混凝土（砂浆）。修复保护层，通常有三种可供选择使用的方法：涂抹法、压力灌注法、喷护法。采用喷护法时，应采取分层喷护水泥砂浆。每次喷涂厚度以1.3cm为宜，待水泥砂浆达到一定的强度后，再进行表面修整。

6.1.2 增大梁肋加固法

在现有桥梁中有一部分属于T形截面的桥。这类桥因原截面高度不够或面积过小，导致承载能力不足和病害的发生。对这部分桥梁进行加固，通常是将梁的下缘加宽加强，扩大截面，并在新混凝土截面中增设受力主筋。主筋在靠近支座处弯起与原结构主筋焊接起来。

在浇筑新混凝土截面时，为了保证新旧混凝土之间有良好的黏结，须在浇筑混凝土前，先将结合部位的旧混凝土表面凿毛，露出骨料，清洗干净。同时每隔一定距离凿出主筋，以便通过锚固钢筋将新增加的主筋与原结构中的主筋连接起来。

下面，以一片T形梁加固为例。其方法是在T形梁梁肋下新浇一马蹄形断面。马蹄形两侧比梁肋宽5cm，其上口高于肋底。马蹄形断面内新加的4根主筋预先按设计图弯成元宝形，再把上下两层钢筋与用5mm钢筋板弯成的箍筋焊成骨架，并在原梁梁肋下端每隔70cm左右凿去保护层，然后把新加上的主筋连同钢板箍筋电焊在原梁主筋上（图6-1）。新浇的梁肋从距梁端94cm处开始向梁端支点作一斜面。

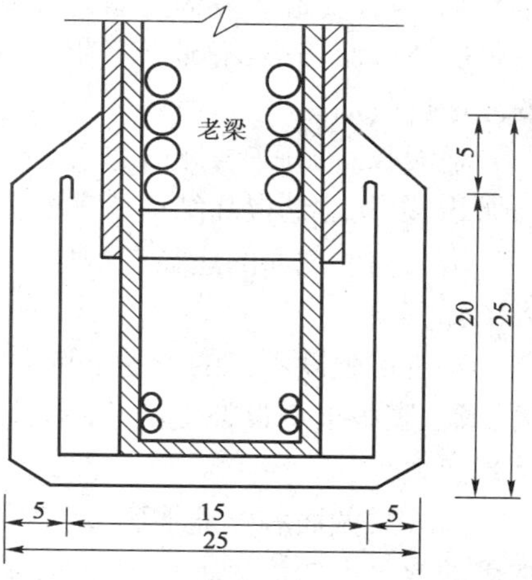

图6-1 下马蹄增加截面加固法（尺寸单位：cm）

6.1.3 加厚桥面板加固法

当原桥的承载能力不足，截面面积过小时，可将原有桥面铺装层剔除，在桥面板上浇筑一层新的钢筋混凝土补强层，用以提高桥梁的抗弯刚度，同时可以起到增加桥梁整体刚度的作用，这种加固补强方式称为“加厚法”。为了使新旧混凝土有良好的结合，应把原桥面板表面凿毛洗净，每隔一定的距离都要设置齿形剪力槽或埋设柱状（钢筋柱）剪力键，或用环氧树脂作为胶结层。同时在桥面板上铺设钢筋网，以增强桥面板的整体性和抗压能力，防止新浇筑的混凝土补强层开裂。钢筋网的直径和间距根据板的受力要求确定。加固后重新铺设桥面的铺装层。

由于加厚部分使桥梁自重和恒载弯矩增加较多，并且仍然是原结构下缘受拉钢筋应力控制设计，故此加固方法一般只适用于跨径较小的T形梁桥或板梁桥；而且在加固前应对梁

（板）的受力状况进行详细的分析，在梁（板）下翼缘强度容许的限度内确定桥面的加厚高度。

对于有三角垫层的桥面板，可将原作为传力结构的三角垫层凿去，代之以与原桥面板结合为整体、共同受力的钢筋混凝土补强层，或用钢筋混凝土补强层取代桥面铺装层。这样在不增加桥梁自重的情况下进行加固补强，效果更为明显。

6.1.4 喷射混凝土加固法

当原桥截面积过小，下缘主拉应力超过容许而出现裂缝，而桥下净空又允许时，还可采用喷射加固法进行加固（图6-2）。其加固要点如下：

1）采用灌浆法修补裂缝

用化学材料灌浆修补桥梁的裂缝具有操作简单、黏结可靠等优点。灌浆使用的胶结剂可根据裂缝宽度的大小选用甲凝、环氧树脂或水泥浆等。小于0.1mm的裂缝一般是灌注甲凝。甲凝黏滞度小，有很好的渗透性，易于灌入细微裂缝。大于0.1mm、小于0.4mm的裂缝，通常宜用环氧树脂灌注。环氧树脂黏滞度较大，用来灌注时应适当选择稀释剂及其配比，以降低其黏滞度，提高可灌性。大于0.4mm的裂缝，目前大都用水泥浆灌注。

图6-2 喷射混凝土

灌浆工艺流程大概可分六个步骤，即混凝土表面处理、布设压浆嘴、裂缝封闭（勾缝）、试气、压浆和检验。

（1）裂缝处混凝土表面的处理。为了保证勾缝及粘贴压浆嘴时环氧树脂胶与混凝土表面的有效黏结，以形成封闭腔，对混凝土表面的油污和高低不平之处以及松散的混凝土应进行处理。根据情况使用小锤、凿子等对混凝土裂缝两边各10mm左右的硬物进行剔除，将裂缝凿成“V”形槽，再用钢丝刷、砂纸、压缩空气等清除槽内浮尘，打磨平整，然后用干净棉花或棉纱蘸丙酮、酒精等溶剂，将混凝土表面的油污擦净。但在清理时不要将裂缝堵塞。一般不宜用水冲洗，因环氧树脂胶在有水的情况下不易黏结。若裂缝中有较多的泥沙，不得不用水冲洗干净时，必须待混凝土表面完全干燥后，才能再涂胶进行封闭。

（2）布设压浆嘴。布设压浆嘴的原则是缝端及裂缝交叉处均应设嘴，骑缝布嘴，梁内外侧灌浆嘴宜错开布置，灌浆嘴间距一般为30～50cm，并在裂缝交叉处加设灌浆嘴。通常情况下，由于水平缝较易灌注，如两嘴太近，易由邻嘴内出浆喷到操作人员身上，所以这种水平缝的嘴距应大些，间距以在50cm以上为好。

（3）裂缝封闭（勾缝）。一般小缝（缝宽2～3mm以下），均用抹灰刀抹上环氧胶泥（掺有水泥），直接嵌压封闭。较大的缝，因灌浆时压力较大，仅简单勾缝不易封闭，故宜先用环氧砂浆填平“V”形槽，再用油刷蘸稀环氧树脂胶涂刷裂缝两边各6～7cm处，加贴玻璃布，压紧，赶出其下的气泡，最后在玻璃布上涂一层环氧树脂胶浆封面。玻璃布条的宽度约为10 cm，搭接长度与宽度相同,玻璃布纹以细密为好。

封缝工作必须保证胶浆与混凝土接触的周边密贴,防止漏浆。封缝完成后,应等两天左右待胶达到一定的强度后才能压浆,以免局部被压力冲开造成漏浆,影响施工质量。

(4)试气。封缝胶凝固后,在正式压浆前,应对裂缝封闭情况进行充气检查(但不用充水检查),以检查缝隙各处有无漏气现象和压浆嘴是否畅通,以便及时处理。具体措施是在玻璃布或胶泥勾缝的周边上涂刷肥皂水,然后向裂缝中充压缩空气,检查是否漏气。如肥皂水起泡即为漏气,对漏气处应再用环氧胶泥进行封闭。这样做看似多了一道手续,而实际上却是加快进度和保证质量的一项积极措施,否则如果造成漏浆停工和浆液浪费等,反而浪费了人力、物力和时间。试气时,留一个灌浆嘴接充气管,将其余灌浆嘴封好。试气压力应比灌浆压力略大0.1~0.2MPa。

(5)压浆。压浆顺序一般是按照“自下而上,从缝宽处向缝细处”的原则,依次连续进行,以保证浆液充满缝隙,防止夹入空气。灌注压力通常控制在0.5~0.6MPa。

(6)检验。压浆后检验饱满程度是否符合质量要求。对于大体积混凝土,可取芯样检查;不宜取样时,可用超声波混凝土探伤仪检查。

需要强调的是,在实施压浆时压浆管以短为好,以便于冲洗。每次下班前都应用丙酮或其他溶剂冲洗储浆罐。压浆操作人员应配备手套、眼镜等防护工具,注意操作安全。

当灌注水泥浆时,灌浆前应先向裂缝中灌注清水,使混凝土润湿,以保证水泥浆能充分硬化和黏结良好。

2)布设钢筋网

按照提高膜承载能力的需要,在桥梁下缘布设钢筋网。通常是按一定的间距将梁底的保护层凿露出来,通过连接钢筋先将部分钢筋沿桥的纵横向焊接到原主筋上,构成钢筋骨架;然后根据加固设计要求,按一定间距将其余的钢筋焊接或绑扎在钢筋骨架上,构成钢筋网。钢筋网的作用在于承受拉应力,提高喷层强度,传递温度应力,减少收缩裂纹,加强喷射混凝土的整体性等。

3)喷射混凝土

喷射混凝土层的厚度根据设计需要确定,每次喷护厚度不宜超过6~8cm;若需加厚,应反复多喷几次。复喷混凝土时间,应视水泥品种、施工时的气温和速凝剂掺量等因素而定。

6.1.5 受压区外包混凝土加固法

一般对于刚架拱、桁架拱等拱桥的斜腿、斜撑或弦杆,也可采用钢筋混凝土柱环包加固。

6.2 增大截面加固法施工方法与质量控制

6.2.1 施工要求

(1)加固混凝土结构的过程中,应遵循下列工序和原则:

①应对原构件混凝土存在的缺陷清理至密实部位,并将表面凿毛或打成沟槽。沟槽深度不宜小于6mm,间距不宜大于箍筋间距或200mm。被包的混凝土棱角应打掉,同时应除去浮渣、尘土。

②原有混凝土表面应冲洗干净。浇筑混凝土前,原混凝土表面应以新鲜水泥浆或其他界面剂进行处理。

(2)对原有和新设受力钢筋应进行除锈处理。在受力钢筋上施焊前,应采取卸荷或支撑措施,并应逐根分区分段分层进行焊接,以尽量减少焊接热量对钢筋的影响。

(3)模板搭设、钢筋安置以及新混凝土的浇筑和养护,应符合现行国家标准《混凝土结构工程施工质量验收规范》(GB 50204—2002)的要求。

6.2.2 构造规定

(1)新增混凝土的最小厚度,加固板时不应小于40mm;加固梁时不应小于60mm;用喷射混凝土施工时不应小于50mm。

(2)石子宜用坚硬耐久的卵石或碎石,其最大粒径不宜大于20mm。

(3)加固板的受力钢筋直径宜用6~8mm;加固梁的纵向受力钢筋宜用变形钢筋,钢筋最小直径不宜小于12mm,最大直径不宜大于25mm。封闭式箍筋直径不宜小于8mm,U形箍筋直径宜与原有箍筋直径相同。

(4)加固的受力钢筋与原构件的受力钢筋间的净距不宜小于20mm,并应采用短筋焊接连接。箍筋应采用封闭箍筋或U形箍筋,并按照现行的国家标准对箍筋的构造要求进行设置。

①加固的受力钢筋与原构件的受力钢筋采用短筋焊接时,钢筋的直径不应小于20mm,长度不小于$5d$(d为新增纵筋和原有纵筋直径的较小值),各短筋的中心距不大于500mm。

②用单侧或双侧加固时,应设置U形箍筋。U形箍筋应焊接在原有箍筋上,单面焊缝长度为$10d$,双面焊缝长度为$5d$(d为U形箍筋的直径)。

(5)梁的纵向加固受力钢筋的两端应可靠锚固。

6.3 增大截面加固法实例(义井大桥)

6.3.1 桥梁概况

唐通线义井大桥位于河北省香河县城东300m的潮白河上。该桥建于1971年,上部为33孔T形截面简支梁结构,下部为钻孔灌注桩基础,双柱式墩台。桥梁总长:466.3m;每跨标准跨径:14.10m;计算跨径:13.70m;桥面净宽:净7m+2×0.75m(人行道);原设计荷载:汽—15级,挂—60。

6.3.2 桥梁病害

随着社会经济的发展,交通量日益增大,大吨位车辆越来越多,原桥的承载能力已无法满足交通的需要,桥梁出现了很多病害。主要表现在:主梁跨中出现环向裂缝,支点处出现斜向裂缝和隔板开裂,以及墩顶盖梁裂缝等。2000年5月,桥梁日交通量达9 500辆,运送石料超限车辆猛增,其中50~70t(最重达80t)重型石料车占20%,致使桥梁技术状况急剧恶化,已成为危桥。2000年5月1日至5月18日桥面板有四处纵向裂缝,桥面铺装松散。5月22日以后,裂缝发展迅速,钢筋剪断,混凝土散落桥下,病害还在进一步发展。经鉴定,该桥属三类桥梁,急需对其进行加固改造。

6.3.3　桥梁加固方案

根据道路改造规划，拟将该桥承载能力提高达到汽—20 级、挂—100（即现行标准中的公路—II 级）荷载标准。为了确定桥梁实际承载能力，并以此判断桥梁加固可行性，在加固前进行了单梁荷载试验。在此基础上选择了增大截面加固法对该桥进行加固。在施工前后对该桥进行单梁静载试验，在竣工后进行全桥的动静载试验，证明加固方案可行，加固施工质量可靠，达到了加固目的。加固方案如图 6-3 和图 6-4 所示。

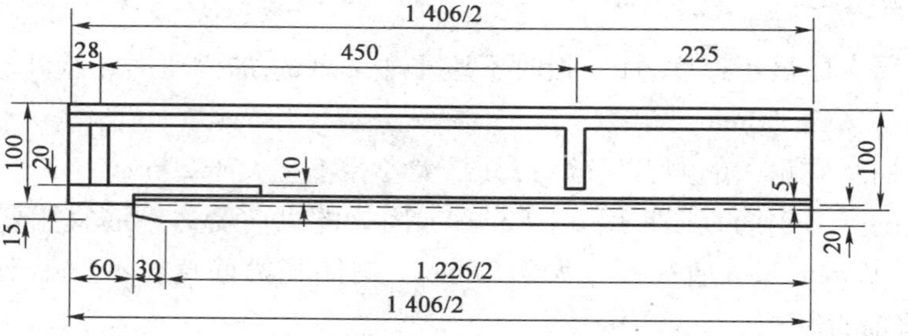

图 6-3　主梁加固构造图（尺寸单位：cm）

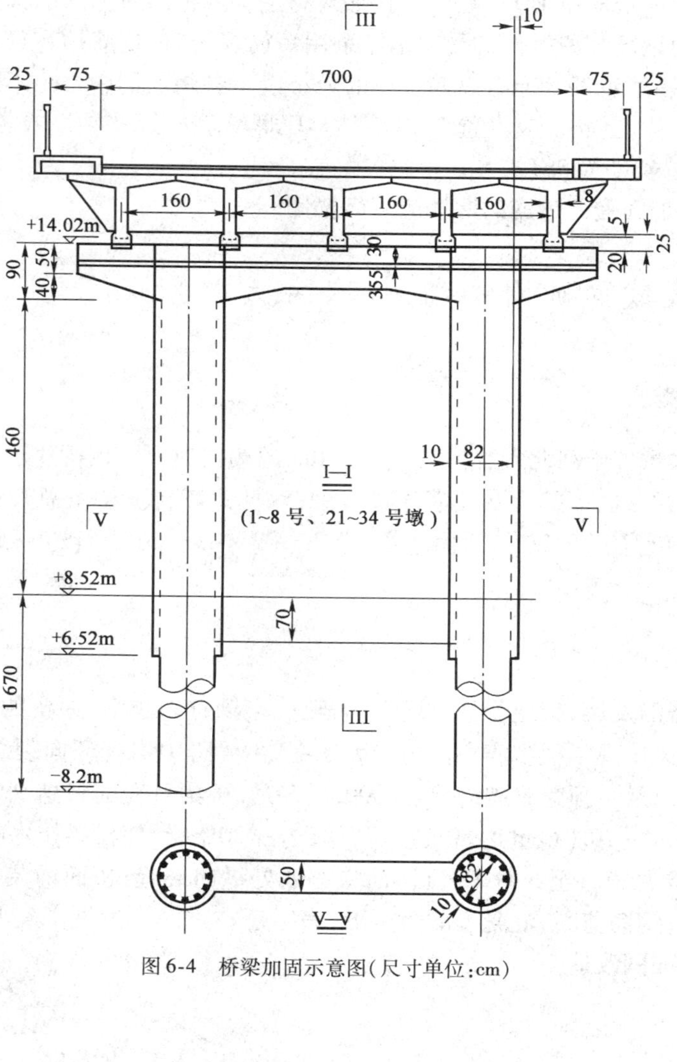

图 6-4　桥梁加固示意图（尺寸单位：cm）

1）增大截面加固主要承重结构

（1）主梁抗弯加固。对上部结构主梁增高截面高度，相应增设主筋。具体加固方案为：对五根主梁加固，增设下马蹄，梁增高15cm，两侧各增宽6cm（总宽60cm），并配以4ϕ5钢筋，同时增设两道横隔梁。

（2）主梁抗剪补强。在靠近支点附近由于剪力过大而使梁肋截面产生大量裂缝。具体加固方法是：在靠近支点横隔板处开始加固，纤维片为宽20cm的U形外包箍，型号为TXD-C-20高强度碳纤维，由近及远逐渐变疏，一道主梁设12道。

（3）对桥墩柱环包加固，直径由0.82m增至1.00m，并配以12道ϕ18钢筋。

（4）加强桥面铺装结构，使其参与主梁工作。

2）其他维修加固

（1）主梁端隔板加固。

（2）主梁中隔板加固。

（3）对1～8号、21～32号墩柱加设系梁，尺寸为0.5m×0.7m，系梁位置在当前地面高程以下0.5m。

（4）对9～20号墩柱加设承台，尺寸为1.5m×6.2m×1.0m。承台所设位置根据地面高程不同，分别设在高程+0.5～+5.9m处。

6.3.4 施工工艺与质量控制

1）施工操作流程

凿除桥面旧铺装→横隔板加固→碳纤维布抗剪加固→T形梁翼板连接加固→T形梁腹板增加马蹄形截面加固→桥面铺装→伸缩缝。墩柱环包可以同步进行。

2）质量控制

（1）桥面旧铺装凿除时注意不要伤及主梁部位。梁顶面必须进行粗糙处理，以利于新旧混凝土结合。

（2）横隔板加固必须注意与主梁结合部位混凝土的浇筑质量。

（3）纤维加固的关键是基底处理必须彻底，以利胶料的黏合。纤维布粘贴必须保证密贴平整，不能有空鼓。

（4）在进行T形梁增加马蹄形截面作业时，新增钢筋与原主梁必须有牢固的联结。新增混凝土要添加收缩补偿剂，或微膨剂，以利新旧混凝土同步作用。

（5）墩柱环包关键除了新旧混凝土的结合外，还必须注意本身的抗渗水性能。

（6）桥面铺装是桥梁整体受力的关键，必须注意新旧混凝土之间的结合，并必须添加混凝土收缩补偿剂或纤维，防止因收缩造成耐久性的削弱。混凝土的浇筑必须保证伸缩缝之间面积的连续性；表面必须保证平整、粗糙。

【思考题】

1. 增大截面加固法的基本原理是什么？
2. 增大构件截面的途径和各自优点是什么？
3. 增大构件截面如何保证新老混凝土结合良好？
4. 喷射混凝土加固桥梁结构时，混凝土有什么要求？
5. 修补裂缝的压浆顺序是怎样的？

单元7　体外预应力加固法原理与施工要点

【学习要求】　本单元以湖南衡阳某双曲拱桥的体外预应力加固为例，介绍了体外预应力加固法的基本原理以及该法所具有的加固、卸荷、改变结构内力的三重效果；指出了该方法对中小跨径桥和大跨径桥的不同效果；根据工程实践，说明了该方法的优点。体外预应力加固法包括体外预应力钢丝束加固法、下撑式预应力拉杆（粗钢筋）加固法等，本单元分别介绍了这些方法的施工方法和工艺流程。通过本单元的学习，让学生重点掌握体外预应力加固法的施工工艺。

【知识目标】　1. 了解体外预应力加固法的基本原理；

2. 理解掌握体外预应力加固法的施工质量控制要求；

3. 掌握体外预应力加固法的施工工艺。

【能力目标】　1. 能正确运用掌握体外预应力加固法进行旧桥加固设计；

2. 能正确进行各种预应力材料的加固施工。

7.1　体外预应力加固法原理

7.1.1　概述

体外预应力是针对体内预应力而言的，即把预应力筋布置在主体结构之外。当体外预应力索应用于混凝土结构时就被称为体外预应力混凝土结构。体外预应力技术用于桥梁加固称为体外预应力加固。从力学特征上说，体外预应力索与周围结构主体在同一截面上的变形是不协调的。

体外预应力索加固结构的实质，是以粗钢筋、钢绞线或高强钢丝等钢材作为施力工具，对桥梁上部结构施加体外预应力，以预加力产生的反弯矩部分抵消外荷载产生的内力，从而达到改善旧桥使用性能并提高其极限承载能力的目的。钢筋混凝土梁桥需要加固时，如果桥下净空能够满足通车、通航的要求，可采用体外预应力加固法。

体外预应力加固法具有加固、卸荷、改变结构内力的三重效果，适用于中小跨径的梁式桥；对于较大跨径的桥梁，采用本方法加固时，宜同时配合其他加固方法进行综合加固，以达到较好的加固效果。

工程实践表明，用体外预应力索加固桥梁具有如下优点：

（1）能够较大幅度地提高旧桥承载能力。加固后所能达到的荷载等级与原桥设计标准及安全储备有关，一般情况下可将原桥承载力提高30%～40%。

（2）体外预应力索加固技术所需设备简单，人力投入少，施工工期短，经济效益明显。

（3）在加固过程中，可以实现不中断交通或短时限制交通。

（4）对原桥损伤较小，可以做到不影响桥下净空，且不增加路面高程。

常用的体外预应力加固技术包括体外预应力钢丝束加固法和下撑式预应力拉杆（粗钢筋）加固法。

7.1.2 外部预应力钢丝束加固法

采用外部预应力钢丝束(钢绞线)加固梁式上部结构,一般沿梁肋侧面按某种曲线线形(常用的有抛物线形等)设置预应力钢丝束,通过张拉预应力筋实现体外预应力。为保证曲线线形并固定钢束位置,在梁底每隔一定间距离(50~100cm)设置一个定位箍圈(由梁底向上兜),或者在梁肋侧面埋设定位销。钢丝束的两端头则穿过梁端翼缘板上的斜孔伸至梁顶锚固(图7-1)。

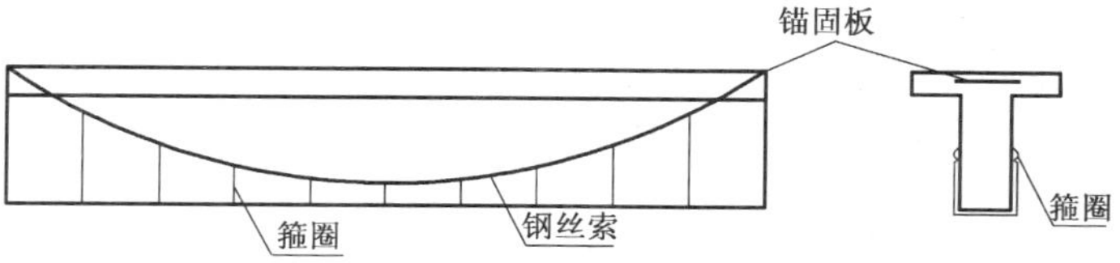

图7-1 外部预应力钢束丝加固示意图

为了防止钢丝束锈蚀,预应力钢丝束应放在保护导管内,或者待张拉后在钢丝束周围用混凝土包裹。采用预应力钢丝束加固时,由于设置并张拉钢丝束常增加梁端上缘的压应力,从而导致梁端上缘混凝土因抗压强度不足而开裂。因此,有时应采取同时适当加厚桥面板的做法,以加强受压翼缘。

7.1.3 下撑式预应力拉杆(粗钢筋)加固法

按加固对象不同,该方法分为预应力拉杆加固及预应力撑杆加固。

1)预应力拉杆加固

根据加固目的及被加固结构受力要求的不同,预应力拉杆加固又分为水平式[或称直线式,见图7-2a)]、下撑式[或称折线式,见图7-2b)]及混合式等拉杆布置方式。对于梁,水平式拉杆适用于正截面受弯承载能力不足的加固;下撑式拉杆适用于斜截面受剪承载力及正截面受弯承载力均不足以及连续梁的加固;混合式拉杆适用于正截面受弯承载力严重不足而斜截面受剪承载力略微不足的加固。对于桁架,水平式拉杆主要用于下弦杆受拉承载力不足的加固;下撑式拉杆适用于跨中下弦杆及端腹杆受拉承载力不足的加固;混合式拉杆适用于下弦杆承载力较端腹杆承载力更严重不足的加固。对于框架、刚架、连续梁等,主要采用与结构弯矩图相应的连续折线式拉杆加固方案。

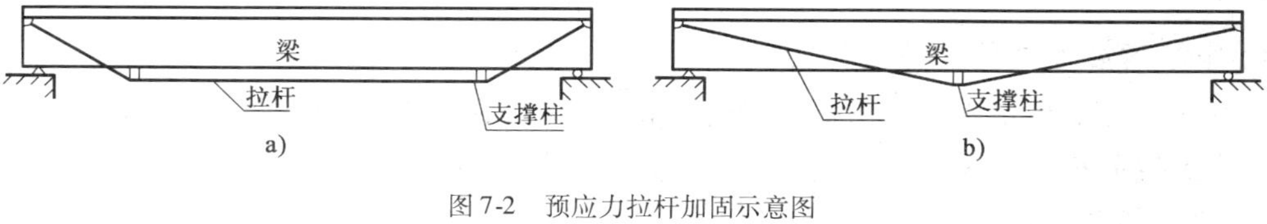

图7-2 预应力拉杆加固示意图

a)水平式拉杆;b)折线式拉杆

2)预应力撑杆加固

按被加固柱受力要求的不同,预应力撑杆加固又分为双侧撑杆加固及单侧撑杆加固。双侧撑杆适用于轴心受压及小偏心受压柱加固,单侧撑杆适用于受压区配筋量不足或混凝土强度过低的弯矩不变号的大偏心受压柱的加固。

若对简支梁采用下撑式拉杆体外预应力加固,即可视为改简支梁为上承式桁架梁。桁架的上弦即为原结构主梁,下弦是水平拉杆,腹杆是斜拉杆,把与滑块接触的垫块视为竖杆,单垫块为单柱式,双垫块为双柱式。斜杆的上端锚固位置有两种:一种锚于梁端的顶部;另一种锚于靠近端横梁处的梁肋顶部,斜杆的下端与滑块连接。滑块依赖拉杆收紧后产生的上托力和滑移时的摩擦力与上弦连接。对斜杆的张拉不是直接施加拉力,而是随着水平拉杆张拉力增加,下端滑块产生相应的移动,使它的长度增大。当水平拉杆张拉力达到设计量后,将它的两端锚固,加固工作即告完成。

在斜杆顶端和梁底垫块上作用力的水平分力共同对梁体施加偏心轴向压力,上述作用力的竖向分力所形成的力偶对梁端施加负弯矩及竖向负剪力。这些预加力可以抵消或超过恒载作用力。在车辆通过时,这些体外拉杆是上部结构的组成部分并与原有梁体共同受力,形成超静定体系。各拉杆的张拉力将自动增加,进一步起到加强作用。

7.2 体外预应力加固法施工方法与质量控制

7.2.1 体外预应力加固工艺流程

桥梁体外预应力加固施工中,由于各种加固体系的构造形式不同,其施工方法也不尽相同,但其工艺流程是有共性的。根据国内桥梁体外预应力加固的工程实践归纳出桥梁体外预应力加固施工的工艺流程(图7-3)如下。

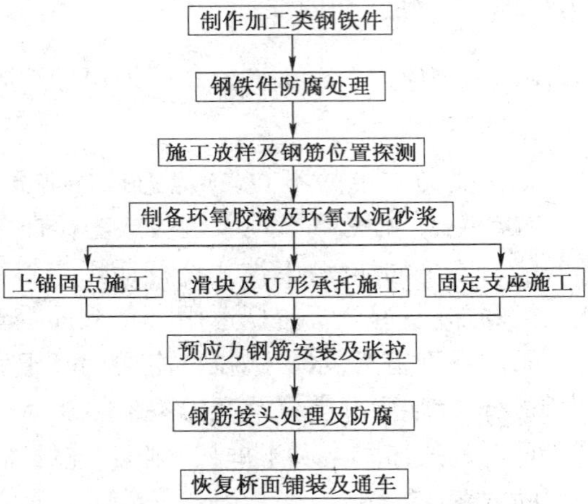

图7-3 桥梁体外预应力加固施工的工艺流程

1)外部预应力钢丝束补强加固

①钻孔。在梁端顶面先凿出锚固槽,再沿梁肋两侧方向按设计斜度钻孔。

②安装锚固板。锚固板一般用厚15mm的钢板制成,在钢丝束位置上钻出穿丝孔,用环氧砂浆将锚固板固定在锚固槽内。

③安装定位销或定位箍圈。U形定位箍圈常用$\phi12 \sim \phi16$钢筋焊制,顶端设有穿钢丝束用的套环。钢丝束(钢绞线)由一端锚固板穿入经过各定位箍圈,再从另一端锚固板穿出并收紧后,用轧丝锚头固定。

④张拉。在钢丝束一端用张拉千斤顶或绞车张拉钢丝束,待达到设计张拉值后即进行锚固,再浇筑封头混凝土。

⑤防护处理。钢丝束涂上红丹和防锈漆,外面再罩以砂浆或混凝土保护层,或者用套管封闭钢丝束。

2）下撑式预应力拉杆（粗钢筋）加固

预应力拉杆补强加固根据施加预应力方式的不同，可以分为横向收紧张拉法、纵向张拉法、竖向顶撑张拉法三种。

（1）横向收紧张拉法（图7-4）

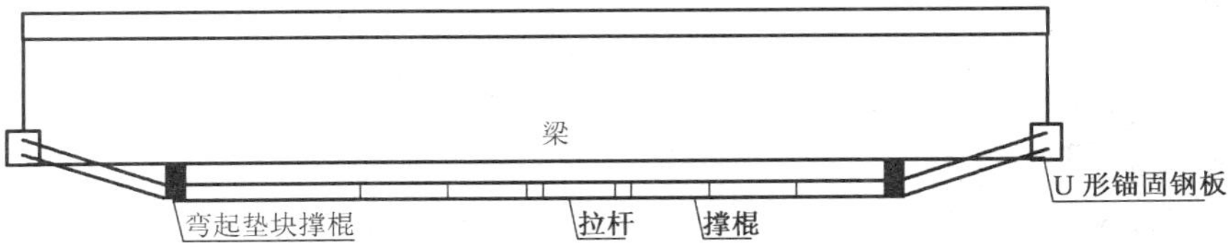

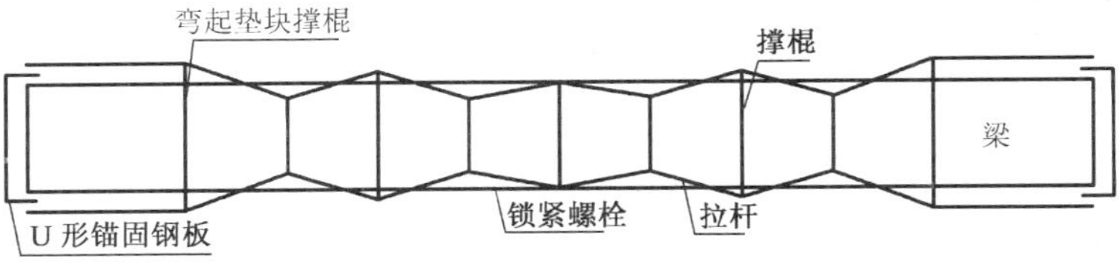

图7-4　横向收紧张拉法示意图

横向收紧张拉法中，作为拉杆的粗钢筋分两层布置在梁肋底面两侧，在靠近梁端适当位置向上弯起，与固定在梁端的钢制U形锚固板焊接。粗钢筋弯起处用短柱支撑，纵向每隔一定间距设一道撑棍和锁紧螺栓。通过收紧器将拉杆横向收紧而使拉杆受拉，控制张拉力，梁体产生预压应力。

横向收紧张拉的具体施工工艺流程如下：

①粘贴锚固钢板。将梁端混凝土保护层凿除，使主筋外露，清除碎渣、浮浆后用环氧砂浆粘贴U形锚固钢板。

②焊接拉杆粗钢筋。先将粗钢筋的弯起段按设计角度焊在锚固板上，然后用夹杆焊将粗钢筋的水平段与弯起段焊在一起。

③安装张拉装置。先放好弯起点垫块撑棍，再安设中间撑棍及锁紧螺栓，紧贴锁紧螺栓处安放收紧器。

④预张拉。预张拉的目的在于检查拉杆的焊接质量。预张拉力按设计张拉力的80% ~ 0%控制，预张拉力保持12h后卸除。

⑤张拉。旋紧收紧器，使两侧拉杆向中间收拢，按设计收紧量对称地分次收紧。达到设计收紧量后再收紧1 ~ 2mm，然后拧紧锁紧螺栓，并用双螺帽锁住，最后卸除收紧器。各段拉杆横向收紧的距离，按根据设计预应力值计算出的拉杆总变形值确定，并通过几何关系计算出具体的数值。

⑥防护处理。拉杆粗钢筋及U形锚固板均需涂以防护涂料以防锈蚀。

（2）纵向张拉法（图7-5）

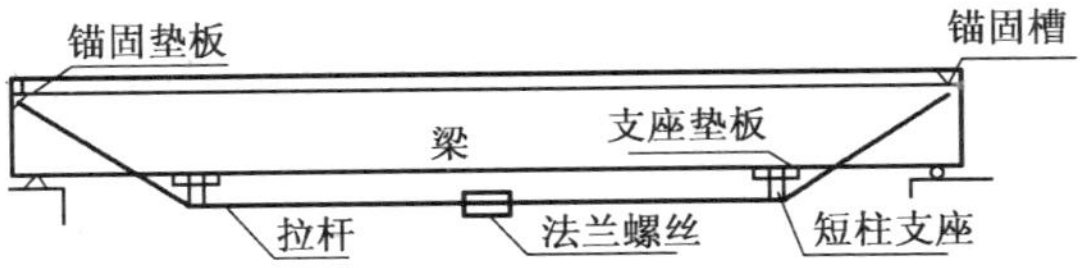

图7-5　纵向张拉力示意图

当采用纵向张拉法补强加固时，拉杆钢筋仍沿梁底布置，两端向上弯起。它与横向收紧张拉方法的不同之处在于，拉杆两端弯起段通常由翼缘板上的斜孔伸至桥面，拉杆端部设有丝扣，用轧丝锚具锚固于梁顶的锚固槽内。

纵向张拉法对拉杆钢筋施加预应力，可以用旋紧螺帽、端部用张拉千斤顶张拉、拉杆中间设置法兰螺丝收紧丝扣及电热法张拉等手段完成。纵向张拉补强加固的施工工艺流程为：

①开锚固槽。凿开梁端桥面铺装，在梁端顶部按设计斜度凿出锚固槽。

②钻孔。在锚固槽内沿梁腹板侧壁方向按设计斜度钻两个平行的孔洞。

③粘贴垫板。粘贴梁端锚固垫板和梁底的短柱支座垫板。

④安装拉杆钢筋。拉杆分水平段及弯起的锚固段两部分，各拉杆的松紧度应调整一致。

⑤张拉。每片梁上的几根拉杆应保持均衡张拉。

⑥封锚。用防水砂浆或环氧砂浆填入锚固槽封锚。

⑦防护处理。

(3)竖向顶撑张拉法(图7-6)

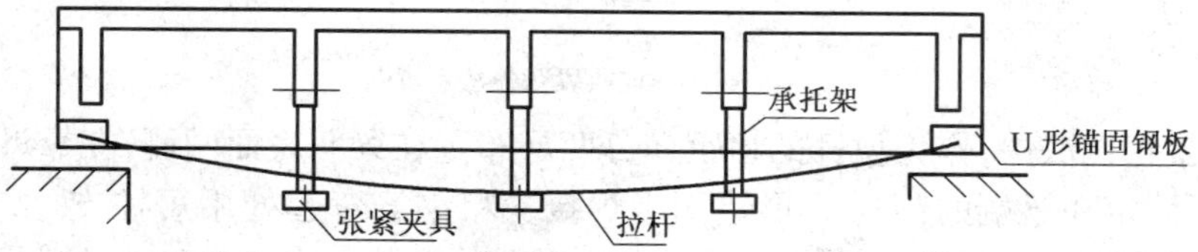

图7-6 竖向顶撑张拉法

竖向顶撑张拉法是在梁端底部设置U形锚固钢板，沿梁底设置拉杆；拉杆两端焊在锚固钢板上，在梁的1/4跨径处及跨中(或跨间横隔板)位置设置张紧夹具；张紧夹具安装在固定于梁腹或横隔板上的承托架上给拉杆施加预应力；当拉杆达到设计应力值后，用钢筋混凝土垫块在拉杆与梁底面间楔紧，以固定拉杆位置并保证张拉力；最后卸除张紧夹具和承托架，并做好拉杆的防锈处理。

在下撑式预应力拉杆加固施工中，必须注意到由于横向各片主梁的共同作用使各片主梁的受力相互影响这一特点，当张拉后一片主梁时，前一片已张拉主梁的拉杆中的预应力值将减小。因此，需要对各片主梁进行反复补充张拉，以调整各主梁的预应力度，使各片主梁均达到设计值。

准确地控制拉杆的预应力值，是保证下撑式预应力拉杆补强加固效果的关键。预应力值的控制方法有以下几种：

①拉杆上贴应变片，测量拉杆的应变；

②直接由张拉千斤顶压力表读数；

③用测力扳手测定螺帽旋转力，或控制螺帽转数；

④测量构件的上挠度。

无论采用哪一种方式对拉杆施加预应力，下撑式预应力拉杆均外露在结构外表，拉杆的锈蚀、梁下支撑的位移等都会影响到补强效果；特别是采用横向收紧张拉法施工时，撑棍的变形、锁紧螺栓在行车振动作用下可能发生的松动等，都会使拉杆中的预应力值发生损失，从而降低补强效果。为此，除了严格控制各工艺过程的施工质量外，要认真做好防护处理，并需进行定期检查，加强维修。

7.2.2 体外预应力加固施工质量控制

1) 施工放样及钢筋位置探测

(1) 上锚固点放样(图 7-7)

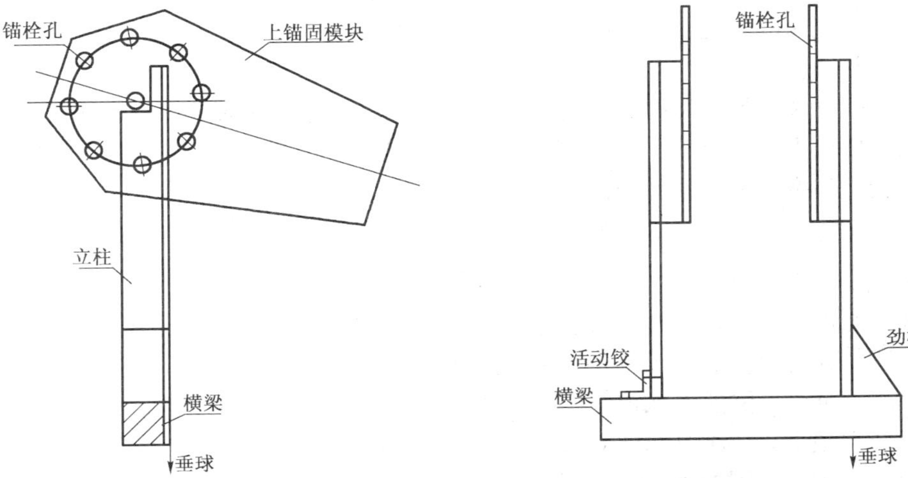

图 7-7 上锚固点放样

当斜筋上锚固点位于梁顶或梁端面时，放样比较简单，以单梁顶(端)面的纵轴线为基准线，沿纵桥向量测锚固点距梁端的距离。当锚固点位于梁端时，应量取锚固点距梁底或梁顶面的垂直距离，再沿横桥向对称量取上锚固点的横向距离，标出锚固点的理论位置。

当锚固点设在梁腹板上时，腹板两侧不能通视，可按 1∶1 比例尺用木板制作的放样架，在腹板两侧分别放样。木板放样架上的定位孔直径应比真实孔径大 10cm，以防在混凝土梁上打孔时将标记线打掉。

由于梁的顶板和腹板中均有钢筋存在，特别是受力钢筋，不应将其切断，可将锚固点位置作适当调整，以躲避这些钢筋。因此，梁上的实际锚固点位置与理论点位置会有差异，应限制这种误差。一般情况下，可允许上锚固点位置水平移动 ±10cm，垂直移动 ±3cm。当上锚固点位置偏差较大时，应按其实际位置重新进行校核计算。上锚固点的允许位置偏差可由斜筋的角度及滑块的位置加以调整。

(2) 钢筋位置探测

在上锚固点和滑块及固定支座的垫板施工中，需为锚固螺栓钻孔。而在加固设计中，仅根据原结构的设计图纸确定锚固及打孔位置是不够的。由于原桥施工中可能出现钢筋代换及钢筋施工位置偏差，都将为钻孔施工带来很大的麻烦。因此，在放样施工中必须探测钢筋位置，这一工作可借助于钢筋位置测定仪或混凝土保护层测定仪来完成。

2) 梁顶及梁端锚固设置

对于上锚固点设在梁顶面及梁端顶面的情况，需按设计的斜筋穿出位置，在桥面板或梁端顶面凿穿两个具有与斜筋角度相同的斜孔。首先应掀去桥面铺装层，将梁顶面混凝土保护层凿去，露出钢筋，再将锚固垫板下面的混凝土进行细凿。为了凿好斜孔，应按斜孔的设计角度做一个凿孔架，将凿岩机的钻杆放入凿孔架的槽内，使钻头中心对准理论锚固点。在正式开凿之前，还应在理论锚固点上用人工凿一个与钻头大小相近的小坑，以避免开钻时由于钻头跳动而带来孔位偏差。当锚固孔快钻透时，由于钻杆上端紧靠混凝土表面，而下侧已经脱空，这段斜孔往往向下偏移，必须进行人工补凿，以保证斜孔的顺直。上锚孔凿完之后应将梁顶面混凝土清理干净，除去混凝土碎渣。先在开凿后的混凝土表面涂一层环氧胶液，再用环氧水泥砂浆铺平。最后，将上锚固点设在梁顶时，应保证锚垫板的上表面与梁顶面平齐，或略低一点，以确保锚固点有尽可能厚的混凝土保护层。当上锚固点设在梁端顶面时，亦应保证锚固后有足够大的混凝土体封锚。

当上锚固点设在梁端底部时，可将锚固钢板热弯成U形，直接套在梁端的底部，拉筋焊在锚固钢板的两侧面上。安装U形钢板时要先凿除梁端混凝土保护层，露出梁端主筋，以环氧砂浆粘贴钢板并填塞梁端与锚固钢板之间的间隙。

3）腹板锚固

（1）锚栓孔打眼

当上锚固点设在梁腹板上时，首先遇到的问题就是在腹板上打孔。上锚固点施工质量如何主要取决于打孔的质量。对于打孔质量主要有以下三方面的要求：

①孔位必须准确。除要求孔位放样准确处，更要注意钻头跳动而引起的孔位偏差。

②孔眼必须顺直。特别是双向对打时，不能出现错台，否则将给穿锚固栓带来困难。

③尽量减少对孔周围混凝土的破坏，尽量减少对梁体混凝土的削弱。

打孔可采用电锤施工，其最大钻孔直径为38mm。在C30混凝土中钻直径为26mm的孔，其钻进速度可达3cm/s。钻孔施工时，若从一侧钻进穿透腹板，将在腹板的另一侧形成漏斗形孔口，所以，对于穿透腹板的螺栓孔，必须从两侧对打。在打孔开始时，应用冲子在混凝土表面打出一个小坑，以免开钻时跳位。在钻孔过程中，应保证孔位及方位，必要时可制作专门的打孔支架，以保证打孔质量。

由于钻头顶端带有锥度，当从腹板两侧对钻时，在孔的对头部位将形成颈缩；此外，如果两侧对钻的方向有偏差，两个半截孔也会出现错台现象。因此必须进行修孔。修孔时可用同直径的长钻头从腹板的一侧穿向另一侧。在钻孔过程中遇到钢筋时，必须把钢筋截断并取出才能继续钻进。由于主要受力钢筋在放样时已经避开，因此可能遇到的钢筋多为小直径的箍筋或水平防收缩钢筋。可在钢筋附近局部扩孔，并用小直径的电钻钻头将钢筋切断并剔出，这样做不会影响周围的混凝土。

（2）钢销锚固孔施工

首先，应在腹板上设计位置钻孔。清孔后灌入环氧水泥砂浆并插入钢套管。待环氧水泥砂浆固化形成强度、钢套管固定后再穿入钢销，套上钢丝绳，并在钢销的两端旋紧防止钢丝绳滑落的挡板，以备张拉。

（3）摩阻、黏着式锚固的施工

摩阻、黏着式锚固施工较钢销锚固要复杂一些，其主要难点是定位与钻孔。按前述方法完成定位和钻孔之后，应将锚板下混凝土凿毛，以增加混凝土与环氧水泥砂浆间的黏着力和抗剪强度。凿毛时以凿去浮浆、全部见到混凝土新茬为原则。在加环氧水泥砂浆之前应先进行锚板试安装，应以锚板上所有锚固螺栓都能顺利装上为准，否则必须修孔。试安装后的锚板应编号记录，实际安装时应对号入座。

将带有环氧水泥砂浆的锚固板就位，上螺栓并适当地拧紧。挤出的环氧水泥砂浆可回收再用。当环氧水泥砂浆黏结层硬化并达到30MPa强度时，再将高强螺栓拧到设计吨位。在螺栓施拧过程中,应分为两阶段进行,第一阶段可达到设计吨位的70%。施拧螺母时应以对称方式进行。

(4)滑块及垫板施工

水平滑块多用18~30mm厚的钢板焊接而成,如用铸铁加工将更为经济。楔形滑块常用钢材制作并焊在型钢斜杆的下端,也可用钢筋混凝土直接浇筑在型钢斜杆的下端。对于后者亦需预留孔道以穿入水平预应力钢筋。

水平滑块的垫板由于受斜筋竖向分力的作用,将一直处于受压状态,因此,水平滑块的垫板只需用环氧砂浆粘贴在梁的底面上。施工时应先将梁底混凝土凿去2cm左右,并在混凝土表面抹一层环氧胶液,再用环氧砂浆层找平,然后用临时吊架将支承板粘贴在梁。当在水平滑块上设置四氟乙烯滑板时,可用环氧胶液将其预先粘贴在钢垫板底面或滑块的顶面上。水平预应力钢筋的固定座可粘贴在跨中梁底位置上。

(5)张拉控制应力

加固梁的受拉钢筋应力都较高,所以在加固结束后预应力筋与梁中,原受拉钢筋的应力差要较一般预应力混凝土梁中两种钢筋的应力差小得多。另外,需加固的梁挠度较大、裂缝较宽,这些都说明对加固筋施加的预应力值越高,就可以更多地改善被加固梁的受力状态。因此,张拉控制应力σ_{con}宜定得高些,但也不能定得太高;否则有可能在超张拉过程中,个别钢筋达到或超过其屈服强度,导致发生危险。张拉控制应力应按表7-1取用。

允许的张拉控制应力值σ_{con} 表7-1

项　次	钢筋种类	张位控制应力值
1	碳素钢丝、刻痕钢丝、钢绞线	$0.7f_{ptk}$
2	冷拔低碳钢丝、热处理钢筋	$0.65f_{ptk}$
3	冷拉热轧钢筋	$0.85f_{ptk}$
4	热轧钢筋	$0.90f_{ptk}$

这里必须指出,由于加固筋对原梁混凝土产生的预压力一般较小,所以混凝土的徐变损失较小,甚至没有。这就是说在同样张拉控制应力的条件下,加固筋的最后应力值可能会较一般预应力梁中的预应力的应力值高。

4)预应力拉杆或撑杆

预应力拉杆或撑杆的锚固件,应用乳胶水泥或铁屑砂浆,并通过膨胀螺栓锚固在坚实的混凝土基层上,结合面应进行粗糙和清洁处理。拉杆或撑杆预应力施加方法应根据施工条件及预应力值大小确定。预应力值较大时(>150kN),宜用机械法张拉或电热法张拉;预应力值较小时,可用横向张拉、竖向张拉及花篮螺栓等张拉方法。对于预应力撑杆还可以采用钢楔楔顶法。预应力拉杆就位前应进行调直。对于大跨结构高空作业,为便于拉杆能准确就位,宜采用螺栓张拉头或花篮螺栓作为辅助的就位措施。此时,应于拉杆两端或中部焊上相应的螺钉端杆;对于直接焊接连接,拉杆应在绷直定位的情况下与锚件焊接。

电热法、横向张拉、竖向张拉及楔顶法等预应力施加方法,其变形控制量Δ应以拉杆或撑杆真正开始受力时的值作为张拉的起始点(零点)。多点横向张拉及竖向张拉,各点张拉螺栓应同步进行拧紧。拉杆、撑杆张拉控制应力值σ_{con},不宜超过规定的数值;对于预应力撑杆,σ_{con}取值还必须受施工阶段的稳定要求控制,否则应采用多道专用卡具等辅助防失稳措施。

预应力撑杆加固柱，撑杆与构件之间宜采用环氧树脂灌浆湿式连接。此时，缀板（连接箍板）应紧贴构件结合表面与角钢平焊连接。为避免撑杆因焊接受热而产生过大的预应力损失，施焊应采取上、下缀板轮流进行。

预应力拉杆、撑杆、缀板及各种锚固连接件，均应采用有效的防腐、防火保护措施。

7.3 体外预应力加固双曲拱桥实例

7.3.1 桥梁概况

湖南衡阳某桥为二孔 34m 双曲拱桥，下部为钻孔灌注桩基础（衡阳台为扩大基础）、混凝土桥墩、浆砌块片石组合式桥台，始建于 1969 年。修建不久，即发现拱顶下沉，尤其祁东岸一孔，拱顶下沉较大，1988 年检测时下沉量为 12cm；拱顶下缘拱肋（从左 $L/4$ 至右 $L/4$，L 为跨径）开裂，五条肋分别有 20～26 道裂缝，总宽度达 40 多毫米，其中以中间三条肋裂缝较宽，达 8～9mm，主拱脚背面有一道几毫米宽的裂缝。

为了对该桥技术状况进行了解，加固前进行了静载检测，包括实际拱轴形状丈量、沉降观测、裂缝观测和混凝土强度检测等。检测完毕后，再根据实测的拱轴形状，以原标准汽—15 级、挂—80 进行了内力验算。按原设计容许应力法验算表明，拱顶下缘拉应力达 2.55MPa，拱脚下缘压应力达 14.3MPa，均超出容许值。另外实测数据说明，墩台基础沉降已基本趋于稳定。

7.3.2 加固方案的选定

拱桥加固因桥而异，不可能有统一格式，主要有下列几种方法：

（1）增大结构受力截面或补强，即在主梁或拱肋外加筋，再包裹混凝土；或增加新的梁或拱肋，共同受力。

（2）用外部预应力加强上部结构或对下部结构施加推力、拉力。

（3）改变桥梁结构体系，由拱式改为梁式，或拱梁结合。

（4）用箍套或灌浆法加固墩台，在开裂的墩身上加钢筋混凝土箍套，或对墩台空隙压灌水泥砂浆。

（5）用喷锚或压注环氧树脂等修补裂缝或补强截面。

（6）用抛石压浆或加桩法加固桥梁基础。

（7）用环氧树脂粘贴钢板或钢筋补强等。

双曲拱桥施工时是“化整为零”，承受荷载是“集零为整”。当上部结构产生多种裂缝后，即破坏了其整体性，变成了松散结构。对双曲拱桥的加固工作，无论是增强板间联系，还是修补裂缝、补强截面，都是为了恢复其整体性，提高承载能力。

主拱圈属于偏心受压结构，虽然设计时尽量使拱轴线与压力线重合，但由于荷载等因素影响，仍然会产生偏心压力，所以一般情况下，主拱圈拱顶下缘、拱脚上缘受拉，容易产生裂缝。预应力钢筋混凝土梁设计原理表，可以在双曲拱主拱圈受拉边相应施加预压力。对需要加固的双曲拱桥而言，即相应于后张法施工的双曲拱主拱圈构件。

由于大多数双曲拱主拱圈形状是悬链线或抛物线，而钢筋要布置成圆滑的曲线，并且张拉受力是十分困难的。为了解决这一困难，可以在主拱计算控制截面受拉边，即拱顶截面下缘和拱脚截面上缘，按折线布置预应力筋。转折点可设于空腹式拱的腹孔内，两端借助于桥台和拱脚进行锚固。

上述钢筋采用高强钢丝和Ⅳ级螺纹钢筋。预应力加力方法可以采用多种形式，视加固桥梁实际情况予以确定。为了防止钢筋生锈，水平高强钢丝可参照斜拉索的形式，用注塑机注塑外裹；拱脚Ⅳ级钢筋则可用混凝土保护层保护，与原主拱圈拱板连成整体。这对加强主拱圈强度十分有利。

对交通较繁忙，对于仍在通车的双曲拱桥来说，上述方法可以显示其优越性。因桥面下进行打眼、穿索或喷射混凝土时，桥面仍可维持通车，只在必要时中断交通，便能将行车干扰减少到最低限度。

在施工加固过程中，必须注意腹孔预应力筋转向接头部位台下的压力，防止主拱圈失稳；同时必须验算此截面处主拱圈的抗剪强度。

双曲拱主拱圈径向裂缝是最普遍的病害，这些裂缝的发展对承载能力的影响极大。上述方法正是针对径向裂缝的治疗。初步设计预算表明，本法比补强拱肋等要节省经费10% ~ 20%，且使用劳力较少。

根据对双曲拱桥设计计算的特点可知，较为普遍的现象是，拱顶下缘拉应力和拱脚下缘的压应力较大，属于两个控制截面。如何能同时使拱顶截面下缘应力改善和拱脚截面中性轴上移，这是改变结构受力的需要。近年来，我国桥梁结构采用预应力已经较为广泛，体外预应力用来加固梁桥也有所见，但将体外预应力应用于双曲拱桥加固，则属首次。因为拱式结构不像梁式受力简单，需要十分细致和大胆尝试，然后才能总结推广。在考虑施工方案和受力计算过程中，合理确定拱圈应力作用位置、大小、锚固方式、施工操作可能性，及拱脚截面拱上横梁新老混凝土结合等一系列问题，是设计计算的关键。经反复计算论证比较，提出采用体外预应力加固双曲拱桥上部构造。这一工艺结构形式新颖，工程造价节省，稳定性好，耐久性好，属国内首创，具有国内领先水平。加固示意图见图7-8。

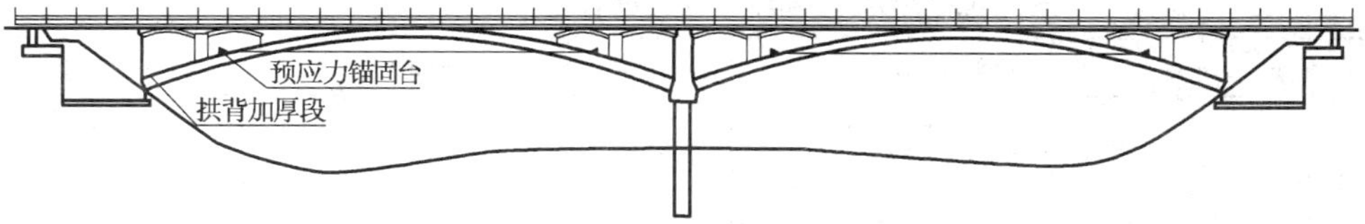

图7-8　体外预应力加固示意图

7.3.3　方案的优点

（1）用体外预应力加固双曲线拱桥，免去了桥面开挖，不需要肋下灌注混凝土而必须搭设满堂支架和为数众多的模板等大量辅助工作，因此大大节省投资。本桥采用体外预应力方案与增加拱肋截面方案相比较，其费用前者只是后者的40%左右；若按新修一座桥梁计算，体外预应力加固只需其费用的15% ~10%。国外一般认为，旧桥加固若只需新修桥梁费用的50%，即是合算的。可见体外预应力加固费用十分低廉，若能获得推广，其社会、经济效益将是十分可观的。

（2）由于桥面只做少量填补工作，避免了因加固而需新修渡口或临时便道，没有给行车运营带来干扰，大大地减少了临时工作量。对旧桥加固来说（对勉强维持通车的旧桥），能够做到不中断行车，是非常难能可贵的。因节省了大量临时工程费用，而且不妨碍交通，其带来的社会、经济效益是十分明显的。

(3)施工操作条件比其他加固方式优越。不需要大量的模板制作安装,混凝土灌注作业从上往下,质量容易控制;没有大量的混凝土凿除,只需电锤和风枪打眼,但都在空腹拱内操作,安全性好;由于采用了单索钢绞线张拉,施工机具少,作业场地小,能节省大量机具费、人工费。

(4)采用 PE 热挤钢绞线,可以有效地防止钢绞线锈蚀,延长其使用寿命。由于是单股钢绞线张拉,又是体外索,换索操作很方便,不存在使用年限的制约。在施工中如果多预留孔道还可通过增减预应力索来调整结构受力,完全可以人为控制应力,给设计施工带来方便。此方法不仅对双曲线拱桥可以采用,对其他形式的拱桥也可以采用,应用范围十分广泛。

(5)本方法通过理论计算,在具有充分的理论根据基础上,构思巧妙,形式新颖,所加预应力和普通钢筋位置恰到好处,适应了不同材料的性能要求,只用了较少的材料,获得了较大的受力效应,因而大大节省了用钢量。

(6)用体外预应力加固双曲拱桥上部结构,挖掘了非控制截面的潜力,补强了控制截面的承载能力,因而最大限度地使用了材料受力性能;而且此方法不需开挖桥面,在施工加固期间不必中断交通,对于交通繁忙的干线公路,意义十分重大。由于预应力张拉及混凝土浇筑均在空腹拱内进行,能节省大量支架及模板,且工作安全可靠。

7.3.4 加固效果评价

通过加固前后的静载检测和裂缝观测可知,其加固效果十分明显。

(1)加固前后均采用同种车型(2 辆黄河牌货车)、相同重量(400kN,加固后实际超重 3%,达 410kN 多)在同一位置(在拱顶正中,两车相对而行)加载。加固后实测拱顶挠度比加固前平均减少 52.7%,四分点减少 65.3%,效果很好。从计算挠度值对比看,加固后的实测挠度仅为计算值的 1/3 左右,见表 7-2。在加固检测中还发现,卸载后拱顶产生较大回弹(即拱顶上升)。这是因为预应力索的作用,使拱顶下缘承受由预应力产生的压应力,达到了预期效果。

加固后静载实测挠度与设计计算挠度值比较 表 7-2

加载重量	量测部位	实测平均值(cm)	计算值(cm)
400kN	拱顶	1.84	5.43
	1/4(祁东)	0.51	1.87
	1/4(衡阳)	0.35	1.18

(2)从拱顶应变变化可以看出,加固前拱顶下缘为拉应力(由于应变片只能粘贴于裂缝之间,裂缝之间较大的拉应变无法测出),加固后应变片粘贴于同一位置,拱顶下缘出现了压应力(个别出现拉应力,其值很小);而且卸载后,拱顶下缘压应力继续增大,与挠度变化相对,证明预应力已完全起作用,见表 7-3。

加固前后拱顶下缘实测应变比较 表 7-3

荷载	肋号	加固前	加固后
300kN	I	7	-18
	III	9	-9
	V	14.5	0
400kN	I	10	-7
	III	12	-4
	V	20	8

【思考题】

1. 体外预应力加固法的基本原理是什么？

2. 用于加固的体外预应力有哪些类型？

3. 体外预应力加固有何优点？

4. 粗钢筋的横向、纵向和竖向张拉法有何区别？

单元8　桥面系维修加固改造

【学习要求】　桥面系直接影响桥梁的美观和耐久性，由于直接承受车辆荷载，也最容易损坏，故桥面系的维修加固在旧桥加固中是最常见的形式。本单元介绍了桥面铺装、伸缩缝等的常见缺陷，及其维修养护和加固的原理、施工方法、施工要点等，提出了桥梁的防水、排水设计要求和施工技术；并以天津市大港区津岐公路上的东风大桥和宝坻县九园公路阎皮庄桥为例，介绍了这两座桥的结构构造、病害情况，并对产生病害的原因进行了分析，提出了维修加固方案，指出了施工技术要求和注意事项。通过本单元的学习，让学生重点掌握桥面系病害产生的原因和维修加固方法。

【知识目标】　1. 了解桥面系病害的类型和程度；
2. 理解桥面系病害产生的原因；
3. 掌握桥面系的维修加固方法。

【能力目标】　1. 能正确区分桥面系的不同病害；
2. 能准确分析桥面系病害产生的原因。

桥面系直接承受车辆荷载，最容易产生病害，也是设计时最容易忽略的部位。桥面系不但影响着桥梁的美观，还决定着桥梁的耐久性，尤其是预制梁的上部结构，桥面铺装的损坏、伸缩缝的损坏都会引起梁体的损坏，引起单梁受力甚至破坏。而桥面系的维修加固最容易实现，效果最明显，所以必须充分重视桥面系的维修与加固。

8.1　桥面铺装维修加固与施工要点

8.1.1　桥面铺装的常见缺陷

桥面铺装材料主要有水泥混凝土和沥青类材料两种。由于所使用材料的不同，缺陷的形式也不一样。两种材料铺装层所产生的缺陷分述如下。

1）沥青类铺装层的缺陷

沥青类铺装层所产生的缺陷主要有泛油、松散、露骨、裂缝、拥包、车辙、拉断和脱落等。

2）普通水泥混凝土铺装层的缺陷

（1）磨光。铺装层被行驶的车轮所磨耗，形成平滑的状态。产生磨光的原因是铺装层集料抗磨性能差或交通量过大。

（2）裂缝。因施工不良、温度变化以及桥面板或梁结构产生过大挠曲应力所致。裂缝形式有网裂、纵横裂缝等。

（3）脱皮、露骨。由于施工时没有一次成型，或者由于产生裂缝后在车辆冲击力的作用下，表层产生脱皮或局部破损露骨。

（4）松散破碎。由于强度不足，在车轮冲击下造成的破坏。预制简支梁桥，由于混凝土铺装的松散破碎往往造成单梁受力，以致形成上部结构的破坏。

8.1.2 桥面铺装层的维修养护

1)水泥混凝土铺装层

水泥混凝土铺装层如有磨光、脱皮、露骨或破裂等缺陷时，通常可用如下方法进行维修：

(1)原结构凿补。将原水泥混凝土铺装层的表面凿毛，并尽可能深一些，使骨料露出，用清水冲洗干净并充分润湿，最后铺筑一层水泥混凝土铺装层。

(2)采用黑色路面改建桥面。采用黑色路面即沥青类材料修补桥面铺装，一般较水泥混凝土铺装施工容易，且上下层结合也比较牢靠，施工期间对交通影响也较小。但路面改变了原有结构，必须全桥加铺，否则将影响美观。

(3)全部凿除，重筑铺装层。桥面铺装层如已严重损坏，可采用全部凿除、重筑铺装层的方法修补。新铺的面层可采用普通水泥混凝土，也可采用钢纤维混凝土等其他材料。

2)沥青类桥面铺装层

沥青类桥面铺装层出现缺陷后，应及时处理，经常保持桥面完好平整。

3)桥面凹凸不平

桥面凹凸不平，如因构件连接处沉陷不均引起时，可采用在桥下以液压千斤顶顶升，调整构件连接处高程，使其顶面具有相同高度的方法进行维修。

8.1.3 桥面铺装层加固原理

桥面铺装层加固法是在桥面经过处理后，重新浇筑一层钢筋混凝土铺装层。混凝土应采用高强度的防水混凝土，若采用纤维混凝土则更好，使其与原桥跨结构形成组合结构。对于梁桥，利用梁体截面的加高，达到增加主梁有效高度和抗弯能力、拉压截面的目的；对于拱桥，加铺钢筋混凝土铺装层则有利于加强桥梁整体工作性能，改善行车条件，增强桥梁横向分布荷载能力，从而提高桥梁的承载能力。

对于桥面铺装破坏严重，或主梁承载力不足，通过加固铺装层的方法可提高桥梁的承载力、改善桥梁通行条件。一般先凿除原桥的沥青混凝土和普通混凝土，重新浇筑铺装层混凝土，铺装层的厚度及配筋应重新设计。常见的加固方法为桥面板铺装层加固法，即在旧有混凝土或钢筋混凝土桥面板上，重新加铺一层混凝土或钢筋混凝土铺装层，或剔除原有铺装层重新浇筑新的铺装层。此法既能修补已出现裂缝、剥离等损坏的桥面系，又能提高桥梁的承载能力，并可以改善桥梁的荷载横向分布。

桥面铺装层加固的常用方法有：采用钢筋网与混凝土、钢筋网与膨胀混凝土、钢纤维混凝土等。国内采用最多的是钢筋混凝土铺装层加固，补强加固的方法见表8-1。

桥面铺装加固方法种类 表8-1

补强层加固方法	构造简图
钢筋+普通混凝土或干性混凝土	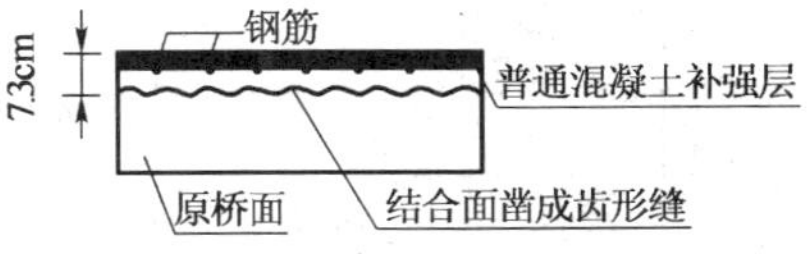

续上表

补强层加固方法	构造简图
钢筋＋膨胀混凝土或干性混凝土	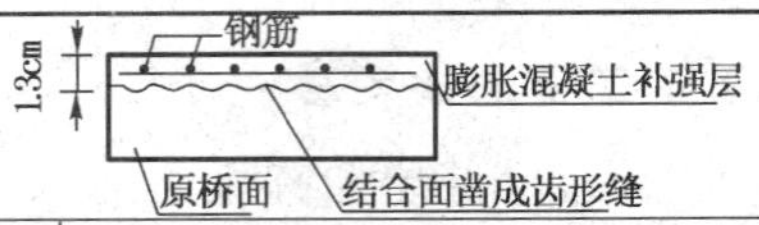
钢纤维混凝土	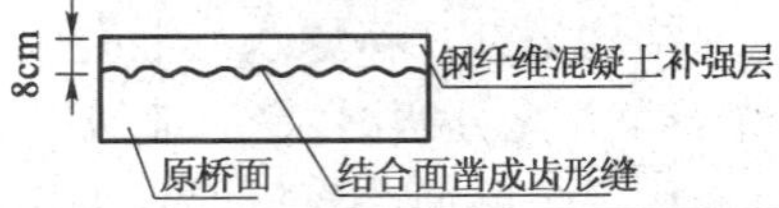

8.1.4 桥面铺装维修加固施工要点

桥面铺装层加固施工比较方便，与一般修筑桥面混凝土铺装层一样。这种加固法对双车道或桥面拓宽的梁板桥，可以两边分开先后施工，对交通影响不大。同时，还可结合道路路面维修养护工作一起进行，有利因素较多。

1）桥面铺装层加固法的施工工艺流程

凿除原铺装层混凝土、凿毛结合面→焊接或埋没钢筋→表面处理（清扫、干燥、涂黏结剂）→安装补强钢筋网→浇筑混凝土铺装层→养生（架设浮桥）。

2）桥面铺装层加固法的施工措施

桥面铺装层加固法能否达到预期效果，关键取决于新旧混凝土能否牢固地形成一个整体。因此，为确保新旧结构共同受力的可靠性和耐久性，需要从施工工艺上采取适当措施，以提高新旧混凝土的黏结强度。一般可采用的措施有：

（1）对旧桥面进行凿毛处理。先凿去桥面铺装（务必全部凿除），然后再凿去部分梁顶面混凝土，约2cm左右，并使表面粗糙，形成齿状，箍筋外露。

（2）对结合面进行适当处理。如采取清扫、干燥等措施。

（3）为使新旧混凝土有更好的黏结性，在凿毛后的混凝土面上可涂抹一层胶结剂，例如1：0.4铝粉水泥浆、1：1铝粉水泥砂浆、环氧胶液等。

（4）加设新旧混凝土之间的联系钢筋。可在旧混凝土层上设置钢筋锚，加设钢筋，如图8-1所示，也可把铺装层钢筋网与底层钢筋焊接。

（5）采用干硬性混凝土，使用免收缩补偿剂或纤维混凝土浇筑铺装层，以减少新浇筑混凝土的收缩，减小新旧混凝土之间产生的差动收缩力，提高补强效果。

（6）铺装层混凝土浇筑后，应加强养护，避免使铺装层过早受力，故可采取在桥面上架设临时浮桥的方法，如图8-2所示。

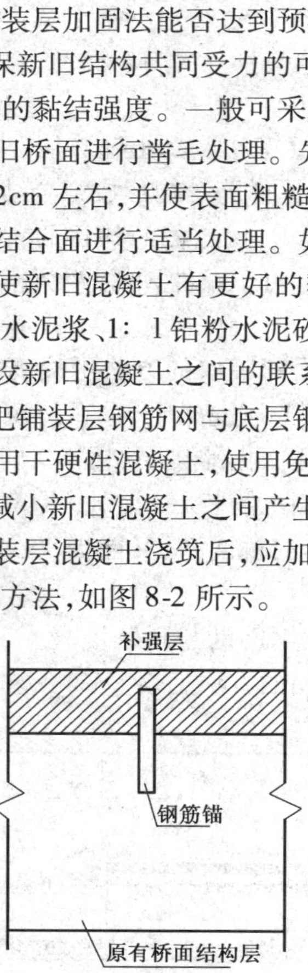

图8-1 加设钢筋锚示意图

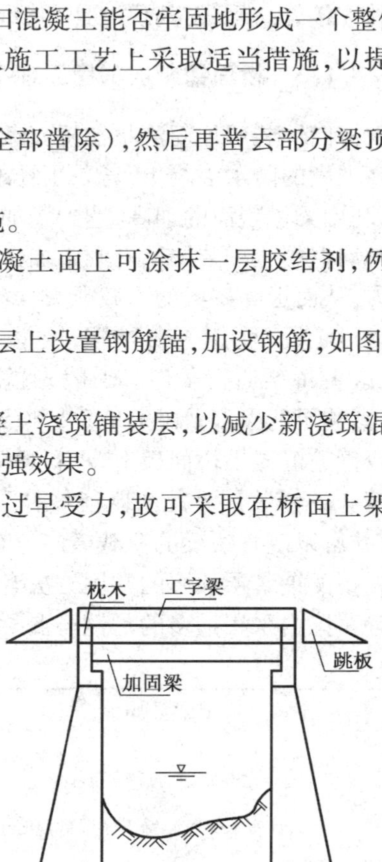

图8-2 为避免铺装层过早受力而设置的浮桥示意图

8.2 排水、防水系统维修施工

8.2.1 桥梁防水、排水系统缺陷引起的病害

实践证明,众多桥梁工程的破坏,是由于桥面的排水、防水系统存在缺陷造成的。水对桥梁的破坏源于以下几方面。

(1)由于桥面水泥混凝土铺装太薄和铰缝处的混凝土质量不高,当遭到水浸入后,会首先在铰缝处形成裂缝,造成单梁受力,水由铺装层向下渗漏,从铰缝流到梁板,对混凝土产生腐蚀,削弱了梁板的承载能力,最后造成桥梁的破坏。

(2)如果采用的伸缩缝形式是漏水的,水可能会由伸缩缝处渗漏流到梁端,再流到帽梁,对梁端和帽梁顶部混凝土产生严重的腐蚀。

(3)由于边梁处栏杆和人行道设计没有考虑到雨水的影响,致使含有桥面污物的雨水乱流,先是污染边梁,影响美观,进而腐蚀混凝土。

(4)由于没有重视雨水孔的安装形式和质量,很多收水口的高程高于水泥混凝土铺装的高程,致使沥青铺装层的层间水排不出去,从而形成了水损害。收水口周围的混凝土最容易不密实,造成周围和孔下梁板混凝土受到严重的腐蚀。

以上分析表明,合理的桥面防水和排水系统,对于桥梁结构的正常运营是非常重要的。

8.2.2 桥梁防水、排水系统的设计要求

桥梁防水、排水系统的设计,就是设法将水与混凝土隔离,使水不能进入混凝土本体,尤其不能进入裂缝中去。该系统包括以下几个方面。

1)混凝土本身的自防水

混凝土经常接触水的部位都要设计为防水混凝土,保证本身的密实性和防腐蚀的性能。尤其是桥面和下部结构水位浮动的部位。在混凝土中加入粉煤灰或超细粉等,可以减少水泥带入的碱量,加入钢纤维、聚丙烯纤维可以对膨胀、开裂起到阻裂作用,并具有很好的抗渗能力,达到自防水的基本要求。桥面水泥混凝土的平均厚度不能小于10cm,最薄处厚度不能小于8cm,而且混凝土本身的配比设计以及浇筑质量是最重要的。桥面钢筋网钢筋直径不宜小于10mm,间距不能大于150mm。

2)桥面防水涂层

无论桥面混凝土施工质量如何好,均不能完全保证不开裂。所以桥面水泥混凝土铺装层上面必须设置防水层。防水层不但本身要起到防水作用,而且要求其与水泥混凝土和沥青混凝土都有很好的亲和性,附着力好。能牢固地与水泥混凝土表面黏结,上面能与沥青混合料牢固地黏结。否则就成为一个层间抗剪力很低的夹层,将导致桥面沥青混凝土出现拥包、滑移,直至松散、破坏。

3)伸缩缝的防水

有很多种桥梁伸缩缝应用于桥梁,其中只有在20世纪90年代初采用的毛勒伸缩缝不漏水,近几年改进后的模数式伸缩缝也基本不漏水,其他均漏水。所以以前修建的桥,伸缩缝下

面的梁端和帽梁受水损害最严重。由于伸缩缝的形式及安装质量问题，造成该部位最容易损坏。除了毛勒缝、模数式伸缩缝之外，对伸缩量小于5cm的小变位伸缩缝，可采用聚合物改性沥青弹塑体填充式伸缩缝，也能成功地解决伸缩缝漏水的难题。

4)桥面雨水孔与水落管

桥面雨水孔与水落管的设置应该像屋面那样严格，但是无论设计还是施工，对此都容易忽略。常见的问题主要表现在下面几个方面：收水口小，不能及时将水泄走；收水口高程高于周围高程，造成积水；收水口高出水泥混凝土表面，而且周围混凝土不密实，造成管周围漏水，所以收水口必须低于水泥混凝土基面，以将沥青层间水排出；出水管过短，发生尿檐现象，从而导致收水口周围以及边梁外侧混凝土的破坏。

5)栏杆外侧与人行道的构造

栏杆外侧应设计为光滑的表面，底面设有止水槽，雨水能很快地顺外侧流向地面，而不应再流向边梁。设有人行道的桥梁，人行道的防水也不能忽视，以防止雨水渗流到主梁。但有些设计忽略了这一点，雨水从人行道缝隙渗漏，沿外侧漫流，从而造成边梁翼板及外侧的污染和腐蚀，所以边梁外侧首先破坏。

6)梁端和帽梁的防水

由于伸缩缝很难保证完全不漏水，而伸缩缝的漏水对梁端和帽梁的损害又非常严重，所以对梁端和帽梁顶部也要进行防水处理。

8.2.3 桥面铺装防水的主要技术

1)防水材料的选用

防水材料要保证桥面铺装的防水性能，优选、确定防水材料显得尤其重要。目前在实践中使用较多的几种防水材料的性能如下。

(1)聚合物沥青桥面防水涂料。该产品是以复合离子型乳化沥青、橡胶、树脂改性剂为主要原料构成的单组分水乳型防水涂料。其特点是：与水泥混凝土及沥青混合料表面黏结均非常牢固；耐高低温，160℃度高温不流淌、不起泡、不滑动、不开裂，在地面温度高的情况下具有很强的抗水平剪力的性能；在热沥青混合料摊铺后，可以软化与其黏结，且黏结强度高，耐久性能好；冷施工，使用高速喷雾机机械喷涂，操作安全简便，施工速度快，成膜时间快，1h可以表干，12h后可以进行铺筑沥青混凝土，而且对基层的含水要求不高，没有明显积水即可，最能适应快速施工；价格比其他品种都便宜；也可以在其上使用聚酯布形成卷材形式，可以更好地形成防水层。

(2)“APP”桥用防水卷材。该产品是在聚酯长丝等无纺布基布上浸透“APP”改性沥青的卷材。其优点是具有与聚合物沥青桥面防水涂料相近的高低温性能；因为有聚酯长丝基布，可以具有很大的延展性和很强的拉力。在桥面负弯矩大的部位使用，最能显示其优越性。其缺点是要求操作工人必须有熟练的技术和高度的责任心，否则不能保证与基面的黏结，从而易形成空鼓，在使用过程中被压破而造成失效。其施工工艺是在处理合格的水泥混凝土铺装基面上涂上冷结合油，将卷材用喷灯烤化后密贴在基面上。

(3)聚氨酯弹性防水涂料。该产品以聚氨酯为主体配合其他材料，有甲、乙两种组合而成，固化后形成富有弹性的橡胶状防水层。优点：耐高温，本身防水性能好，耐老化性能好。缺点：对基层干燥度要求高，与沥青混合料的亲和性差，易出现层间分离，使沥青铺装脱落，而且造价高。因此，无论从使用效果方面还是从成本方面考虑，聚氨酯弹性防水涂料都不可取。

(4)阳离子氯丁胶乳沥青防水涂料。该产品的主要成分为氯丁胶乳、石油沥青和水以及配套材料。这种材料对基层的干燥度要求低，能适应气温较低季节施工，雨季施工必须在施作后 10h 之内无雨，否则应补涂。目前这种材料耐高温性能稍差，对水泥混凝土面层的附着力不高，而且完全人工操作，占用工期时间较长。一般配合玻纤纱布做成“两布六涂”形式，但是玻纤纱布很容易老化，形成夹层。故在比较重要的桥上不主张使用。

(5)自黏型防水卷材防水层。该产品可以做成 2～3mm 厚的防水层，用本身液体涂料黏结到基面上，具有较好的黏结强度，既可以自黏又能与混凝土表面进行黏结，还能与沥青混合料牢固地黏结。其低温性能尤其好，在 -40℃ 温度下 1h 绕 ϕ10mm 金属丝对折无裂纹；施工速度快，1h 以后即可放行，在使用过程中越压黏结越牢。

(6)水泥基桥面防水材料。该产品有液体状的，也有粉状的，都具有很好的与水泥混凝土形成结晶的性能，遇水后形成结晶，堵塞孔隙，阻止水进入结构内部。

此外还有很多种防水涂料，目前应用不多，在此不再赘述。在桥面防水材料的选用上，必须根据桥梁特点选择性能优良、经济实用的材料，不能盲目选用价格高的材料。如果有沥青铺装层，就一定要选用沥青基的防水材料；如果是水泥混凝土的桥面，就要选用水泥基的防水材料。

2)防水层的施工要点

(1)对水泥混凝土铺装要求必须达到强度指标，牢固、密实。任何防水材料都必须涂在合格的基层上，表面必须平整、粗糙，不能有钢筋等尖锐突出物，并且无垃圾、无浮灰、无松散、无浆皮、无污染。乳液类型的涂料，可以用水冲洗后施工，表面基本干燥、无积水就可，湿度大的部位可以用强力吹风机或空气压缩机吹干。使用防水卷材，要求基面的含水率低于 10%。

(2)防水材料本身的性能是关键，必须保证在沥青混合料和水泥混凝土之间起到牢固的黏结作用，材料本身必须满足在 160℃ 高温下不流淌的要求。所以必须选择优质的防水材料。卷材的基布是选用的关键，必须选用耐高温、抗拉强度大的聚酯长丝基布。

(3)乳液性质的防水涂料，在高温天气应避开中午施工，以避免形成气泡；一旦形成气泡，应立即进行赶平处理，以免影响黏结力。

(4)收水口部位及阴阳角处应做特殊处理。

(5)在防水层没完全干透之前，禁止行人车辆通行。在摊铺沥青混合料时，应及时检查被损坏的部位并立即修补。

3)桥面防水的质量要求及控制

涂料的基本要求是“牢、薄、透、匀”。防水层不但本身要能防水，还要有延展性，当基面产生微小裂缝后防水层不被拉裂，而且必须与上下基面牢固地黏结，在车辆荷载作用下不产生滑移现象。所以必须非常均匀地施作一薄层，总厚不宜超过 1mm。

(1)防水材料必须经过检验。每一批量都应抽检，重点抽检其耐热性以及黏结性，必须满足 150℃ 不流淌的条件。还应进行外观检验，发现异常立即停止使用。

(2)对基面应进行严格的检查验收，不允许有任何不合格的地方。

(3)施作时应及时检查有无空鼓、气泡、脱落、翘边等现象，以便及时处理。

(4)在摊铺沥青混合料时，应随时检查有无损坏的地方，并及时进行修补。

(5)沥青混凝土施工完成冷却后，可进行行走制动试验，铺装层应无脱黏起翘现象。

(6)重点检查伸缩缝、收水口部位的质量,确保不漏水。

8.2.4 伸缩缝部位的防水

桥梁防水的另一个重要部位是桥梁伸缩缝,必须达到牢固、防水的要求。梁端的破坏、帽梁的破坏,主要原因就是伸缩缝漏水造成的,所以必须把伸缩缝的防水设计和安装质量当作非常重要的问题来对待。

为了处理好桥梁伸缩缝的防水问题,世界各国的专家们煞费苦心地在研究各种伸缩装置。尽管伸缩缝装置在桥梁总造价中只占很小一部分,但其损坏以后造成的后果是严重的。目前使用的桥梁伸缩缝都是经过很多专家不断研究改进的,大致有以下几种:软质木板浸沥青配以沥青玛蹄脂伸缩缝、钢板伸缩缝、梳型钢板伸缩缝、橡胶条伸缩缝、橡胶板伸缩缝、进口毛勒伸缩缝、国产仿毛勒伸缩缝等。进口毛勒伸缩缝,经过近十年的使用没有明显损坏,能达到防水作用。近几年改进以后的模数式伸缩缝质量也基本达到了这一要求。

模数式伸缩缝主要是由异形钢梁、位移控制系统、橡胶止水带组成。其特点是受力安全,位移均匀,伸缩自由,行车平稳,防水性能好,但造价较高,维修施工工艺较为复杂,养护时间长。该装置关键是安装质量,与主体结构的锚固必须牢靠,锚固混凝土的质量要高,橡胶止水带的本身质量和镶嵌质量都必须保证。

目前引进推广的弹塑体系无缝式伸缩缝,对伸缩量小于5cm的缝使用效果很好,造价低廉,仅是仿毛勒缝的一半左右,行车舒适,又能很好地解决防水问题;尤其是在旧桥改造时,对缝的更换非常方便,可以在不完全断交的情况下,5h左右即可完成施工。弹塑体伸缩装置,通过弹塑体混合材料自身特殊的力学性能来适应桥梁伸缩变形,在承受瞬时荷载和高频振动时显示弹性,在低频缓力的作用下显示塑性。弹塑体材料是以聚合物改性沥青为主的混合材料。其质量关键是采用优质的弹塑体材料,材料本身的配方是保证质量的关键,再就是采用的工艺质量水平。

实践证明,弹塑体材料本身的耐老化性能大大高于普通沥青混凝土,当桥面沥青铺装层进行维修时稍作修整即可。

8.3 T梁桥维修加固实例(东风大桥)

8.3.1 东风大桥概况

东风大桥位于天津市大港区津歧公路上,跨越独流减河,全桥长1062m,由53跨简支T形梁组成。东风大桥现状见表8-2。

东风大桥现状表 表8-2

修建年代	1984年	荷载标准	汽—超20级,挂—120,人群荷载3.5kN/m^2
桥全长	1062m	桥面宽度	1.75+15+1.75=18.5m
桥类型	20m普通混凝土T形梁	桥净跨径	53×20m
伸缩缝	梳形钢板伸缩缝	下部结构	柱式桥墩,钻孔灌注桩

8.3.2 桥梁病害及分析

1）桥梁病害

全桥的53孔中，第4～16孔及37～50孔位于河槽之上，上、下部结构均有不同程度的破损。

（1）上部结构

全桥T形梁之间的翼缘板联结普遍松动（T形梁铰接），多次经过砂浆灌缝修补，脱落仍较严重。少部分T形梁两端受剪区域混凝土脱落。位于河面上桥孔的大约100片T形梁损坏严重，腹板底部及侧面保护层脱落，主筋和箍筋锈蚀。全桥横隔板联结普遍存在问题，部分脱焊，保护层剥落，锈蚀严重。不少梁端之间有严重的渗水、漏水现象。T形梁局部位置有大面积的水碱、泛白现象。

（2）桥面系

桥面铺装层多处出现坑槽等病害，桥面连续缝处的沥青混凝土普遍存在破损现象，T形梁翼缘板相连处普遍存在纵向裂缝。所有连续缝均有不同程度破坏，附近的铺装碎裂或缺失。部分梳形钢板伸缩缝断裂，附近沥青混凝土存在横向开裂等破损现象。部分钢管立柱锈蚀，局部钢管立柱缺失。

2）病害原因分析

（1）T形梁受力作用机理

在T形梁之间有横向联结的情况下，T形梁接受上部铺装层传递的荷载后，并非单独承载，而是遵循一定的规律向横向传递。T形梁之间的联结越强，每片梁承受的荷载就越趋向均匀。如果T形梁之间无横向联结或横向联结很弱，那么T形梁就近乎单梁受力。

（2）病害原因

东风大桥破坏的主要原因如下：交通繁重；上部结构单梁受力；普通混凝土开裂，空气中的氯离子引起结构中的钢筋锈胀以及水对混凝土的腐蚀。

①交通繁重。目前津歧公路的交通任务繁重，2003年交通量为15 899辆/d（折算后），其中60t/辆的大港油田拉油车、80t/辆的司泰尔等大型车辆估计占15%。

②接近单梁受力状态。东风大桥T形梁翼板接缝处产生多处裂缝，横隔板开裂，T形梁横向联结极弱，接近单梁受力状态。

③主梁开裂、钢筋锈蚀。当梁承受重载时，由于梁体的局部挠曲过大，导致桥面严重开裂；同时由于频繁超重车辆的通行致使T形梁梁端腹板在弯矩与剪力共同作用下产生主拉应力裂缝。这样就导致钢筋与氯离子浓度高、湿度大的空气直接接触，长时间的腐蚀使钢筋锈胀，混凝土保护层脱落，进而更大面积的钢筋外露，形成恶性循环，逐步发展，成为大面积破坏。这是本座桥梁最严重的问题所在。

综上所述，东风大桥上部结构由于桥梁横向联系薄弱形成单梁受力，主梁裂缝过大导致钢筋锈蚀，重交通加剧了单梁实际承载力的相对下降，桥面铺装层破损。

8.3.3 维修加固方案

1）T形梁

（1）不改变主体结构，对T形梁的翼缘板和横隔板重做湿接头，变铰接为刚性连接。

T 形梁翼缘板：将翼缘板纵缝两侧各 30cm 的混凝土凿除，保留原有钢筋，将新钢筋与原有钢筋间隔绑扎或焊接后，吊模板浇筑 C40 微膨胀混凝土，如图 8-3 所示。

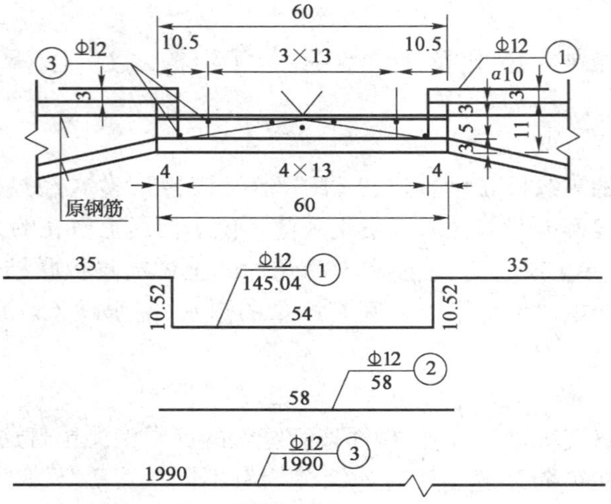

图 8-3　T 形梁翼缘板湿接头（尺寸单位：cm）

T 形梁横隔板：凿除原联结钢板，凿除横隔板接缝两侧各 30cm 混凝土，保留原有钢筋，将新钢筋与原有钢筋间隔绑扎或焊接后，吊模板浇筑 SCM 无收缩水泥加固料，如图 8-4 所示。

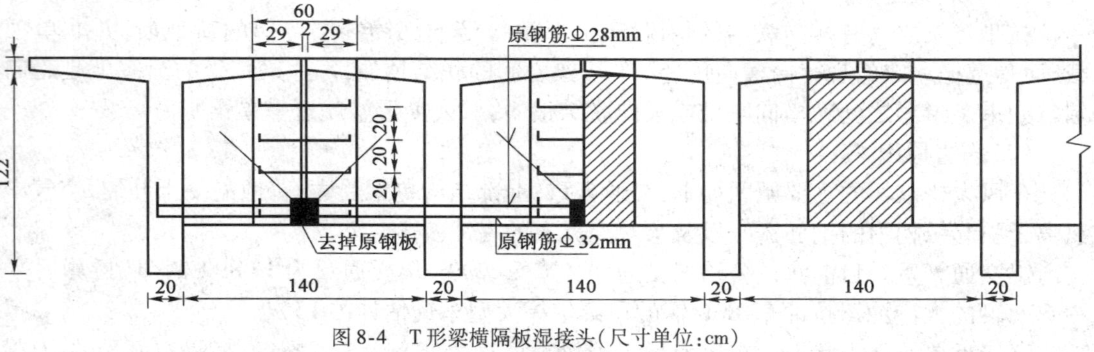

图 8-4　T 形梁横隔板湿接头（尺寸单位：cm）

（2）本工程采用半幅施工的方法。为防止车辆荷载产生的振动影响混凝土浇筑及强度形成，必须先将中间第 5 道翼缘板及横隔板断开，待两半幅施工均完成后，再选择车辆稀少的晚间或全部断交数小时，用 SCM 灌浆料浇筑该湿接缝，达到设计强度后方可放行通车。T 形梁腹板破损处，均凿除松散的混凝土，对钢筋除锈并涂防锈剂后用 SCX 混凝土修补。

（3）对于其他露筋或碳化部位，均将表层混凝土去除后用 SCX 修补。边梁外侧表面以及人行道板悬臂部分用渗透型混凝土保护剂进行涂刷。

2）桥面系

（1）桥面铺装：全部凿除原桥面水泥混凝土铺装和沥青混凝土铺装，拆除原桥桥面铺装钢筋网，新铺直径为 10mm 的冷轧带肋焊接单层钢筋网，间距为 10cm×10cm。维持桥面的 1% 的桥面横坡，重新做 5～8cmC40 聚丙烯纤维网混凝土铺装层。其上做 YN 防水层，然后铺筑 4cm 细粒式改性沥青混凝土（AC-13）面层。

(2)伸缩缝:拆除原桥所有梳形钢板伸缩缝,在原位置新建11道TS80型模数式伸缩缝。伸缩缝采用全包式,需要将伸缩缝两侧的人行道板各凿除10cm,同时该处的栏杆也拆除,待伸缩缝施工完后再现浇立柱及扶手。

(3)桥面连续:拆除所有桥面连续装置,重新做桥面连续,使用II级钢筋网,直径为12mm,间距为10cm×10cm,每道钢筋网顺桥向全长240cm,桥面连续共43道。对于桥面连续处的T形梁端头,在腹板上方凿除混凝土,露出钢筋,加入连接钢筋,以增加T形梁的连续性。

8.3.4 施工程序

东风大桥维修加固施工程序如图8-5所示。

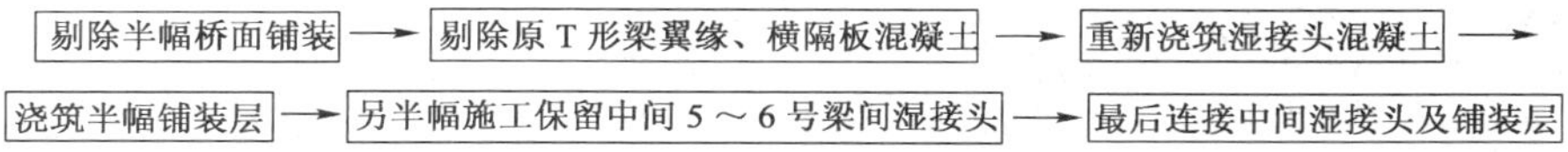

图8-5 东风大桥维修加固施工程序

8.3.5 施工技术要求及注意事项

(1)S6防水混凝土是指抗渗压力大于0.6MPa的不透水水泥混凝土。

(2)在施工时,做完桥面水泥混凝土铺装后,在水泥混凝土铺装层上采用沥青桥面防水涂料喷涂两遍,再做沥青混凝土。

(3)现浇新的桥面铺装混凝土前应清洗桥面残渣和灰尘。

(4)聚丙烯网状纤维要求:长度15~25mm,抗拉强度≥560~770MPa,弹性模量≥3500MPa,断裂延伸率≤6%。混凝土搅拌时间不得短于5min。每立方米水泥混凝土中掺纤维0.9kg。具体施工要求、施工方法详见厂家说明,或请厂家指导施工。

(5)SCX聚合物水泥修补砂浆产品要求:3d和28d的抗压强度分别≥15MPa和≥35MPa,3d和28d的抗折强度分别≥4MPa和≥6MPa,收缩率≤1.0mm/m。材料表面的松动、油脂、涂料、封闭膜及其他污染物必须清除,光面凿毛,用水充分湿润界面。搅拌时将干拌砂浆倒入水中,每千克干拌砂浆用水量为130~160mL。砂浆施工后必须用塑料薄膜覆盖,防止砂浆脱水过快。防水层施工之前,必须清除混凝土铺装层表面的水泥浆皮及尘土,然后方可进行刷涂。

(6)SCM无收缩水泥灌浆料产品要求:3d和28d的抗压强度分别≥30MPa和≥60MPa,与钢筋的握裹力(28d)≥4MPa。灌浆前应将基材清理干净,材料表面的松动、油脂、涂料、封闭膜及其他污染物必须清除,用水充分湿润12h,直接加水拌和,水:料=(1~1.5):10(重量比),24~72h后拆模,用塑料薄膜覆盖。限制膨胀率(28d)$I>0.03\%$。

(7)本工程所用膨胀混凝土均为补偿收缩性膨胀混凝土,膨胀剂需具备含碱量低、混凝土的坍落度损失小、流动性能好的特点。建议采用UEA-H多功能复合膨胀剂。使用时需满足《混凝土外加剂应用技术规范》(GB 50119—2003)的相应要求。注意应在当日气温较低时浇筑膨胀混凝土,以免引起裂缝。限制膨胀率(28d)$I>0.03\%$。膨胀剂添加量<12%。

(8)渗透型混凝土保护剂,每平方米的用量为0.2L。涂刷面混凝土要求干燥,喷涂应选择温度较低的早上或晚上进行,严禁在气温较高或风速较大时施工。两遍喷涂的时间间隔不大于1h。

(9)本工程所有钢筋连接时,必须按有关施工规范绑扎或焊接牢固。

8.4 空心板梁桥维修加固实例(阎皮庄桥)

8.4.1 阎皮庄桥概况

该桥位于九园公路 K73 +320 处,宝坻县阎皮庄西南,跨越阎东渠。桥梁规模为 5 跨 13m 简支空心板,全长 65.6m。横断面为 0.5m(防撞栏杆) +11m(行车道) +0.5m(防撞栏杆),全宽 12m。原设计荷载标准:汽—超 20 级,验算荷载挂—120。

该桥上部结构采用普通钢筋混凝土空心板梁,简支结构。每跨 9 块中板,2 块边板。板高 60cm,每块板宽 99cm,板横断面为双孔空心圆,圆直径 36cm。下部结构采用桩柱式墩台,钻孔灌注桩基础。

该桥于 1995 年设计并于当年竣工。

8.4.2 主要病害

经现场察看,该桥下部结构完好,桩柱及盖梁混凝土无腐蚀、剥落、裂缝等病害发生,防撞栏杆主体结构完好,不在本次维修范围内。

该桥主要病害如下。

1)桥面铺装及附属设施

(1)经调查原设计图纸,该桥桥面铺装由沥青混凝土铺装与水泥混凝土铺装组成。沥青铺装为 4cm 细粒式沥青混凝土(AC-16I),水泥混凝土铺装原设计边部厚 6cm,桥中线处厚 11.5cm。

经现场调查,该桥桥面铺装损坏严重。尤其是第一跨右侧第 3、4 块板之间铺装层在两块板铰缝处已碎裂为小碎块,现用钢板暂时铺盖。其余跨桥面铺装纵向裂缝明显。从破损处可看出,该桥桥面铺装钢筋为 ϕ6mm,间距 20cm,最薄处仅 6cm。沥青混凝土表面纵横裂缝明显,损坏严重处为大面积坑槽。

(2)经现场检验,板梁间铰缝没有按设计要求施工,破损处铰缝内没有水泥混凝土,被杂物填塞,铰缝表面仍为光面。

(3)泄水孔:全桥共计 10 个泄水孔,每跨在跨中部位每侧各设一个。经调查,全桥共有 6 个泄水孔被杂物堵塞,排水不善。由于长时间积水浸润周边混凝土,引起沥青混凝土结构松散,水泥混凝土腐蚀出现“白华”现象。

(4)伸缩缝:伸缩缝采用浸沥青软木板,已全部损坏。伸缩缝处渗水严重。伸缩缝附近桥面铺装损坏较为严重。

由于伸缩缝损坏后,连锁引发桥面铺装的破坏。汽车荷载特别是高速行驶的大型重车跳车产生了很大的冲击力和破坏力,远远超过桥面混凝土的承受能力,尤其是冲击产生的剪切力。

2)主梁

(1)经现场调查,上部结构普遍在跨中有细微横向裂缝,裂缝宽度均在 0.2mm 以内。但梁底纵向无明显挠曲变形,在裂缝处伴有水痕,部分裂缝处混凝土出现“白华”现象。

（2）由于施工中部分板梁保护层厚度不足，全桥表面箍筋外露23处，由于钢筋锈蚀引起周边混凝土环向破坏。

（3）由于泄水孔竖向下缘刚好与边板梁翼缘平齐，排水时在风力作用下梁侧面易受侵蚀，在泄水孔周边梁侧面有"白华"现象。

（4）在该桥维修施工中发现部分板梁顶板厚度局部仅有7cm，小于设计厚度。

8.4.3 病害原因分析

1）桥面铺装

（1）设计不合理。

①桥梁铺装未设置防水层，水的渗入是导致桥面铺装破坏的一个主要原因。

②水泥混凝土铺装层偏薄，原设计厚度最薄处仅有6cm。水泥混凝土铺装层中钢筋直径偏小，间距偏大。由于以前的设计没有考虑桥面铺装参与结构受力，亦即没有按主受力截面要求配筋。但实际上，车辆荷载直接作用于桥面铺装层，桥面铺装也就直接承受高速行车的冲击、剪切与磨耗，一直接承受气候的影响，日晒升温、日落降温，并与主梁（板）存在一定的变化差异，因此铺装层与主要承重结构必须共同受力、协调变形。故桥面铺装层必须作为受力截面计算内力并配置受力钢筋。

③铰缝尺寸较小，施工不易操作，混凝土不易密实，难以达到设计要求。

（2）施工不严格，没有完全达到设计要求。

①铰缝内无混凝土。在施工中就形成单板受力，铰缝起不到设计时横向分配荷载的目的，加大了铺装层的受力，引起铺装的早期损坏。铺装损坏也引起每片板梁单板受力，严重时会导致板梁破坏。

②水泥混凝土铺装与桥面板间光滑接触，有一层厚约3～5mm的浮浆，且在施工桥面铺装时未全面凿毛。另外，桥面上杂物未清理干净，造成桥面铺装与梁结合差，铺装层形成一薄层单独受力，造成铺装层不能承受重载车辆作用下所产生的内力；温度变化及荷载作用时铺装层不能与主梁一起协调变形，在车辆的冲击作用下，铺装层很容易破坏。

2）主梁

由于桥梁未设计防水层，加之施工粗糙，通过铺装层裂缝水逐渐渗入板梁的空心内，天长日久在空心部位存积了大量的水（在空心处钻孔，有大量水流出）。由于是普通钢筋混凝土，水会从下缘的受力裂缝处渗出，导致"白华"现象。

由于施工粗糙，保护层厚度不足，导致箍筋外露锈蚀。

8.4.4 维修内容

根据以上对该桥损坏状况的描述，需对其进行维修处理。工程维修内容如下：

（1）加大铺装层的刚度，改善桥梁横向力传递不善的状况。具体做法：凿除原桥面铺装，重新铺筑4cm细粒式沥青混凝土（AC-13I）+防水层（YN）+10～18－25～10cmC30聚丙烯纤维防水水泥混凝土（W6）。W6防水混凝土指抗渗压力大于0.6MPa的不透水水泥混凝土。铺装层内采用间距10cm×10cm、ϕ10 Ⅱ550冷轧带肋焊接钢筋网。凿除旧桥面铺装后，板梁顶面凿毛。也可垂直于跨径方向划槽，槽深0.6～0.8cm，每延米桥长不少于10～15道。现浇新的铺装层前，必须用钢刷清除结合面上的浮皮，用水冲洗净桥面残渣和灰尘，严禁油腻污染板梁顶面。为保证桥面铺装能与板梁共同受力，浇筑混凝土铺装前需涂抹界面剂。

(2)清除铰缝内混凝土及凿除铺装后的杂物，用清水冲洗混凝土表面浮皮污物，晾干后喷洒界面剂；然后浇筑 SCM 无收缩免振捣高强水泥灌浆料，以加强铰缝横向传力能力。

(3)对空心板顶板厚度(局部)小于 7cm 的，进行局部开仓处理。将厚度不足部分凿除，重装芯模，并增加补强筋，浇筑比原混凝土强度高一级的混凝土，使顶板厚达到设计标准。顶板上的桥面铺装层加设间距 10cm × 10cm、ϕ12mm 的 II 级钢筋网，此网应与相邻空心板湿接缝钢筋焊牢。

(4)空心板底板不密实，出现渗水漏水或纵向局部裂缝或钢筋混凝土保护层不足的，如混凝土强度合格，静载试验没有问题，则应采取防水措施，将防水材料喷涂在不密实的混凝土底板顶面上，经过渗透化学作用，提高混凝土的密实度和强度，起到防水、防空气侵蚀钢筋的作用。露筋处先轻轻凿除箍筋周边松动混凝土，将钢筋除锈，再用 SCX 修补砂浆进行修补，修补后同上用防水材料喷涂。

(5)伸缩缝重新修造。桥台端设 TS-80 式模数式钢伸缩缝。每联中间设连续缝。桥墩处设置桥面连续缝。

(6)泄水孔如有堵塞要先疏通。加长泄水管长度，使其下缘低于板梁底部，同时，原泄水孔部位做成泛坡式，以免铺装加厚堵塞泄水孔。泄水孔口低于沥青混凝土铺装层 10 ~ 30mm。

(7)边梁外侧表面需进行防水处理，采用同(4)的处理方法喷涂防水材料，以防止雨水在风力作用下侵蚀梁体。

8.4.5 施工技术要求及注意事项

(1)施工中应派人员做好交通疏导工作，并注意交通安全。

(2)浇筑桥面铺装混凝土前应制作“施工平台”，混凝土运料车及操作工人在“施工平台”上工作，严禁操作人员直接脚踩钢筋网。钢筋网之间每隔一定距离焊接竖向短钢筋，不得使用垫块。在桥面铺装混凝土养生期间严禁车辆通行。

(3)TS－80 型模数式伸缩缝两侧应采用反开槽的形式现浇 C40 铣削型钢纤维混凝土，混凝土与桥面水泥混凝土铺装以 45°方向搭接。伸缩缝表面型钢顶与桥面沥青层高程一致，误差控制在 ±0.5mm。

(4)聚丙烯纤维要求：长度 15 ~ 25mm，抗拉强度 ≥ 560 ~ 770MPa，弹性模量 ≥ 3500MPa，断裂延伸率 ≤ 6%。混凝土搅拌时间不得短于 5min。每立方米水泥混凝土中掺纤维量为0.9kg。

(5)SCM 无收缩水泥灌浆料产品要求：3d 和 28d 的抗压强度分别为 ≥30MPa 和 ≥60MPa，与钢筋的握裹力(28d) ≥4MPa。灌浆前应将基材清理干净，材料表面的松动、油脂、涂料、封闭膜及其他污染物必须清除，用水充分湿润 12h，直接加水拌和，水：料 = (1 ~ 1.5)：10(重量比)，24 ~ 72h 后拆模，水养护 7d。

(6)防水层施工之前，必须清除混凝土铺装层表面的水泥浆皮及尘土，然后方可进行刷涂。防水层必须刷两遍，在泄水孔口处，防水层由口外刷至管内 10cm。

(7)施工说明中未尽事项均按《公路桥涵施工技术规范》(JTJ 041—2000)及其他相关规范、规程要求执行。

【思考题】

1. 桥面铺装的常见缺陷有哪些?
2. 水泥混凝土和沥青混凝土桥面铺装的病害有何区别?
3. 桥面铺装层加固的基本原理是什么?
4. 桥面防水、排水系统分别有哪些破坏源?其设计要求是什么?
5. 什么是桥面防水涂层?其防水原理是什么?
6. 伸缩缝有哪些形式?伸缩缝的损坏会引起哪些后果?

单元9　桥梁地基及墩台基础加固

【学习要求】 如何对桥梁地基进行加固,改善和提高基础的承载能力,是旧桥加固的重要内容。本单元主要介绍了砂桩法和注浆法进行地基加固处理的原理、方法及其主要特征,并以某两座桥的地基加固为例,全面介绍了这两座桥的沉降病害情况,对原结构进行了复算,进行了加固设计、计算和方案比选,说明了施工工艺、要点和过程,并进行了加固效果评价。通过本单元的学习,让学生重点掌握桥梁地基加固原理和方法。

【知识目标】 1. 了解常见的地基加固方法;

2. 理解旋喷注浆加固法的原理和优点;

3. 掌握扩大基础加固法、补桩加固法及套箍护套加固法的施工方法。

【能力目标】 1. 能正确根据地基情况选用加固法;

2. 能正确进行地基加固法的简单设计。

9.1　桥梁地基加固

9.1.1　概述

当基础下面的天然土基松软,不能承受很大荷载,或上层土壤虽好,但深层土质不良引起基础沉陷时,可采用地基加固方法,以改善提高基础的承载能力。人工地基加固方法很多,一般常用的有砂桩法和注浆法等。

1)砂桩法

当软弱地基层较厚时,可用砂桩法改善地基的承载能力。加固施工时,将钢管或木桩打入基础周围的软弱土层中,然后将桩拔出,灌入经过干燥的粗砂,进行捣实,做成砂桩,达到提高土的密实度的目的。在含水饱和的砂土或黏砂土中,由于容易坍孔,灌砂困难,亦可采用砂袋套管法与振冲法加固地基。

2)注浆法

注浆法是在墩台基础之下,在墩台中心直向或斜向钻孔或打入管桩,通过孔眼及管孔,用一定压力把各种浆液注入土层中,通过浆液凝固,把原来松散的土固结为有一定强度和防渗性能的整体,或把岩石裂缝堵塞起来,从而加固地基、提高地基承载力的一种加固法。

注浆法根据注浆压力的不同,又可分为静压注浆(填充注浆、裂缝注浆、渗透注浆、挤压注浆)和高压喷射注浆(旋转喷射注浆、定向喷射注浆)两大类。注浆法加固桥梁地基,所采用的方法和注浆材料一般都因地质情况的不同而异。本节将详细介绍旋转喷射注浆加固法,简称旋喷注浆加固法。

9.1.2　旋喷注浆加固法

旋喷注浆法是一项正在发展中的地基加固技术,其应用的时间并不长,但由于用途广,加固地基的质量可靠而且效果好,故目前已逐渐成为我国常用的地基处理方法之一。该法除了在铁路、矿山、水电、市政工程、工业与民用建筑和国防等部门的地基加固工程中发挥了卓有成效的作用外,近年来,在道路工程,特别是旧桥地基加固工程中,也得到了一定的实践应用,并获得了显著的经济技术效果。

旋喷注浆法是利用工业钻机将旋喷注浆管置于预计的地基加固深度,借助注浆管的旋转和提升运动,用一定的压力从喷嘴中喷射液流,冲击土体,把土和浆液搅拌成混合体,随着凝聚固结,形成一种新的有一定强度的人工地基。旋喷注浆法加固地基的情况如图9-1所示。

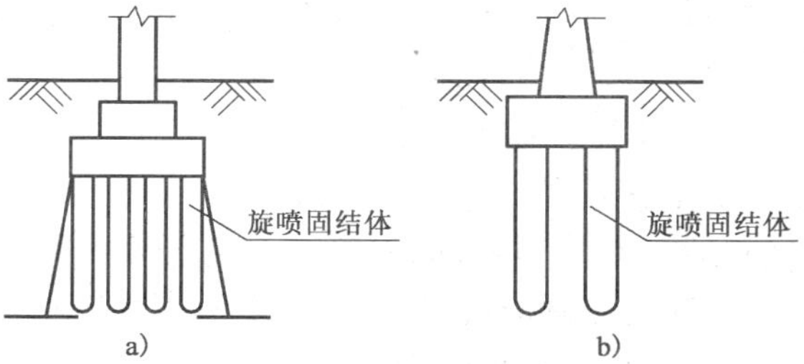

图9-1　旋喷注浆加固法

a)群桩基础;b)扩大基础

1)旋喷注浆法的主要特征

旋喷注浆法与静压注浆法有所不同,而且与其他地基处理方法相比,更有独到之处。旋喷注浆法的主要特征如下:

(1)使用范围较广

它能以高压喷射流直接破坏并加固土体,固结体的质量较高,既可用于工程新建之前,又可用于工程修建之中,特别是用于工程落成之后。

(2)确保固结体强度

采用不同的浆液种类和配方,可获得所需不同的固结体强度。

(3)有较好的耐久性

在一般的软弱地基中,和其他工艺相比,因其加固结构和适用范围不同,加固效果虽不能一概而论,但从使用的浆液性质来看,能预期得到稳定的加固效果并有较好的耐久性能。

(4)使用材料来源广、价格低廉

喷射的浆液以水泥为主,化学材料为辅。除在要求速凝超早强时使用化学材料以外,一般的地基工程中均使用料源较广、价格低廉的强度为32.5级或42.5级的普通硅酸盐水泥。此外,还可在水泥中加入一定数量的粉煤灰,既利用了废料,又降低了注浆材料的成本。

(5)施工简便

旋喷施工时,只需在土层中钻一个孔径为50mm或108mm的小孔,便可在土中喷射成直径为0.4~2.0m的固结体。

(6)固结体形状可控制

为满足工程需要,在旋喷过程中,可调整旋转速度和提升速速,增减喷射压力或更换喷嘴孔径改变流量,使固结体成为设计所需要的形状。

(7)设备简单、管理方便

旋喷的全套设备均为我国定型产品或专门设计制造的,结构紧凑、体积小、机动性强、占地少,能在狭窄和低矮的现场施工。施工管理简便,在旋喷过程中,通过对喷射的压力、吸浆量和冒浆情况的量测,即可简捷地了解旋喷参数或改变工艺,保证固结质量。

2)旋喷注浆法的工艺类型

旋喷注浆工艺有以下三种类型:

(1)单管旋喷注浆法

注浆管钻进至一定深度后,由高压泥浆泵等高压发生装置,以一定的压力,泥浆液从喷嘴中喷射出去冲击破坏土体,同时,使浆液与土搅拌混合,在土中形成圆柱状的固结体,如图9-2所示。

(2)二重管旋喷注浆法

使用双通道的二重注浆管,当注浆管钻进至预定深度后,通过双重喷嘴,同时喷射出高压浆液和空气两种介质的喷射流冲击破坏土体,在高压浆液流和它外围环绕空气的共同作业下,破坏土体的能量增大,最后形成固结体的直径也明显增加,如图9-3a)所示。

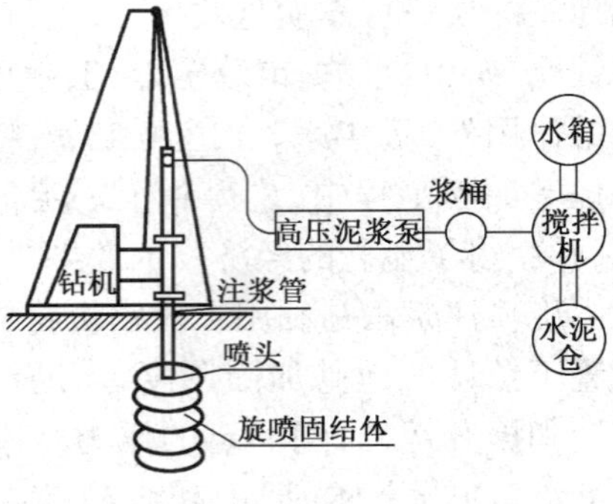

图9-2 单管旋喷注浆法

(3)三重管旋喷注浆法

分别使用输送水、气、浆三种介质的三重注浆管,由此可在土中凝固为直径较大的圆柱状固结体,如图9-3b)所示。

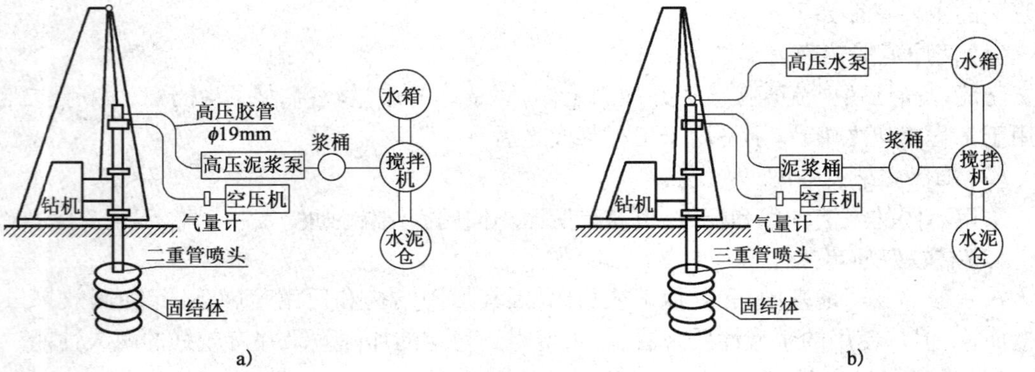

图9-3 旋喷注浆法的施工

3)旋喷注浆法的施工

(1)施工工序

钻机就位→钻孔→插管→旋喷作业→冲洗。

(2)操作要点

①旋喷前,应检查高压设备和管路系统,其压力和流量必须满足设计要求。注浆管及喷嘴内不得有任何杂物。注浆管接头的密封圈必须良好。

②垂直施工时,钻孔的倾斜度一般不得大于1.5%。

③在插管和旋喷过程中,要注意防止喷嘴被堵,在拆卸或安装注浆管时动作要快。水、气、浆的压力和流量必须符合设计值,否则要拔管清洗再重新进行插管和旋喷。使用双喷嘴时,若一个喷嘴被堵,则可采取复喷方法继续施工。

④旋喷时,要做好压力、流量和喷浆量的量测工作,并按要求逐项记录。钻杆的旋转和提升必须连续不中断。拆卸钻杆继续旋喷时,要注意保持钻杆有0.1m的搭接长度,不得使旋喷固结体脱节。

⑤深层旋喷时,应先喷浆后旋转和提升,以防注浆管扭断。

⑥搅拌水泥时的水灰比要按设计规定,不得随意更改;在旋喷过程中应防止因水泥浆沉淀

而浓度降低。禁止使用受潮或过期的水泥。

⑦施工完毕，应立即拔出注浆管和注浆泵，管内不得有残存水泥浆。

9.2 墩台基础加固

9.2.1 扩大基础加固法

桥梁基础扩大底面积的加固，称为扩大基础加固法。此法适用于基础承载力不足，或埋置太浅而墩台又是砖石，或混凝土刚性实体式基础时的情况。扩大基础底面积应由地基强度验算确定。当地基强度满足要求而缺陷仅仅表现为不均匀沉降变形过大时，可采用扩大基础底面积的方法加固，主要由地基变形计算来加以选定。在刚性实体式基础周围加石砌体或混凝土，以扩大基础的承载面积，如图9-4所示。

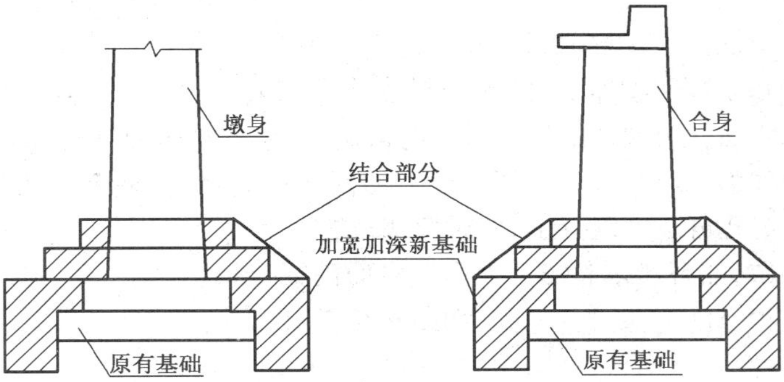

图9-4　扩大基础的承载面积

扩大基础加固法可按下列顺序进行施工：

(1)通常在必须加宽的范围内先打板桩围堰，如桥梁墩台基底土壤不好时，应作必要的加固处理。

(2)挖去堰内土壤，直挖至必要的深度(注意墩台的安全)。

(3)在堰内把水抽干后，铺砌石块(浆砌)或做混凝土基础。

(4)新旧基础要注意牢固结合，施工时，可加设联系(锚固)钢筋或插以钢销，以使加固扩大基础和旧基础牢固地结合成一个整体。

9.2.2 增补桩基加固法

在桩式基础的周围补加钻孔桩或打入钢筋混凝土预制桩并扩大原承台，以此提高基础承载力、增加基础稳定性。这种加固法称为增补桩基加固法，如图9-5所示。

(1)增补桩基法加固墩台基础的优点是不需要抽水筑坝等水下施工作业，且加固效果显著。其缺点是需搭设打桩架和开凿桥面，对桥头原有架空线路及陆上、水上交

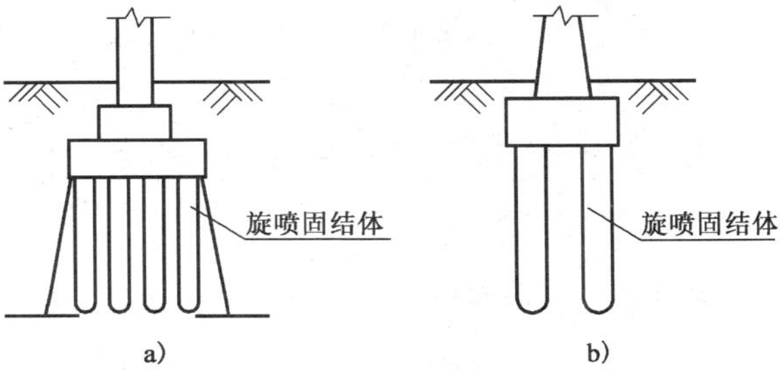

图9-5　旋喷注浆加固法

a)群桩基础；b)扩大基础

通均有一定影响。

(2)对单排架桩式桥墩采用打桩(或钻孔灌注桩)加固时,如原有桩距较大(在 4 ~ 5 倍桩径时),可在桩间插桩;如原有桩距较小且通航净跨允许缩小时,可在原排架两侧增加桩数,成为三排式的墩桩。

(3)如在桩间加桩,可凿除原有承台并浇筑新承台,将新旧桩顶联结走来。但此时必须检查原有承台在加桩顶部能否承受与原来方向相反的弯矩,如不能承受则必须加固原有承台或重新浇筑承台。加固原有承台时,可在承台顶部增设钢筋。

(4)当桥台垂直承载力不足时,一般可在台前增加一排桩并浇筑承台,以分担上部结构传来的压力。打桩时可利用原有桥面作脚手架,在桥面上开洞插桩。增浇的承台可单独受力,也可联结在一起,使旧承台、旧桩及新桩一起受力。

9.2.3 钢筋混凝土套箍和护套加固法

当桥梁墩台出现贯通裂缝时,为防止裂缝的继续发展,使之能正常使用,可用钢筋混凝土围带或钢箍对其进行加固。加固时,一般在墩身上、中、下分设三道围带,其间距应大致相当于桥墩侧面的宽度。每个围带的宽度,则根据裂缝情况和大小而定,一般为墩台高度的 1/10 左右,厚度采用 10 ~ 20cm。为加强围带与墩台的密贴,应在墩身内埋置直径 10 ~ 25mm 的钢销,埋入深度为钢销直径的 20 倍左右,把围带的钢筋网扣在钢销上,埋钢销的孔眼要比销径大出 15 ~ 20mm,先填满销孔再浇筑混凝土,同时填塞裂缝。

当墩台损坏严重,如有严重裂缝及大面积表面破损、风化和剥落时,则可采用围绕整个墩台设置钢筋混凝土护套的方法进行加固,如图 9-6 所示。

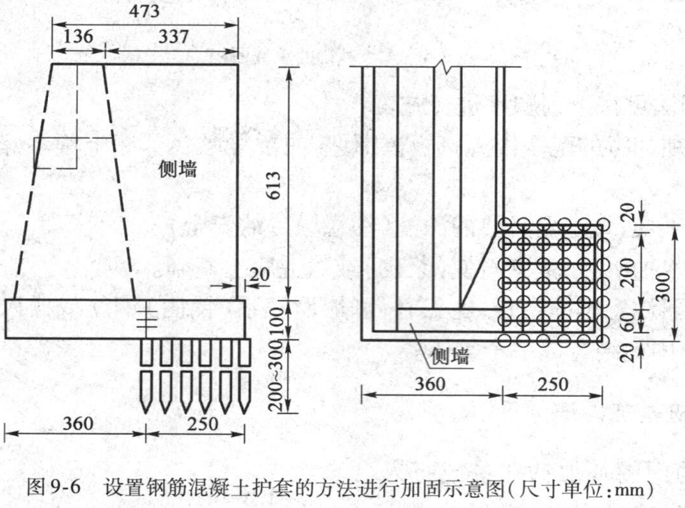

图 9-6 设置钢筋混凝土护套的方法进行加固示意图(尺寸单位:mm)

9.3 钢筋混凝土 T 梁桥桥台维修加固实例

9.3.1 桥梁概况

某桥于 1958 年完成设计,下部构造为半永久式石砌墩台、上部构造为木桁架。1959 年下部构造完工,1960 年全桥建成。在修建过程中曾对基础等工程进行了设计变更。1963 年上部木结构腐朽,需要改建。由于1958年进行下部构造设计系按日后改建钢筋混凝土上部构造考虑,故改建设计仅限上部构造和墩台的局部调整。于1964年开始改建,1965年3月正式通车。

大桥原设计荷载为汽—13级、挂—60,桥面净宽为净7m+2×0.25m,全桥平坡。

上部构造为11孔跨径(墩中距)20m的钢筋混凝土T形梁,设计强度等级为旧250号。横向五片梁,梁距1.60m。主梁固定支座为带齿板的切线钢板支座,其活动支座为钢筋混凝土摆柱支座。桥面在各墩上均为钢板伸缩缝,在梁台衔接处为沥青伸缩缝。

南昌台为独立前墙桥台,一字式翼墙。基底置于天然地面以下2m深处,其下有1m厚砂垫层。台前基顶裸露。护坡始于基顶以下。九江台施工时已发现基底土壤承载力不足,故加1m厚砂垫层。虽砂垫层已分层洒水夯实,但垫层面积、厚度均未作详细计算。

九江台形式同南昌台,基础置于高差不一的岩层上,台背填土较低。

9.3.2 桥梁主要病害

(1)南昌台桥台台帽、基顶上下游高程相同,但较竣工时明显降低。以第一孔及桥面中心线高程计算,南昌台已下沉11cm,使第一孔形成具有纵坡0.5%。根据竣工图与实测值比较,台身约向路堤方向后倾3°~4°。

(2)主梁与桥台背墙顶紧。由于背墙为浆砌片石,表面不平整,主梁与墙面突出处完全密贴,已无伸缩间隙,台帽上活动支座水平位移达6.6cm。

(3)在相当于梁底高度处,两侧翼墙及相连的背墙已有贯通的横向裂缝,最宽处达5~6cm。在背墙上边梁外缘部位上下游均有竖向裂缝。1981年时发现桥台上的裂缝,但未处理,以后便日渐严重。当时翼墙顶与边主梁间尚有钢筋混凝土制的五角星花饰连接,因后来开裂严重而拆除。

(4)台后路基下沉。为消除桥头路基下沉引起的跳车现象而加铺后台路面约4~5次。1986年加高后,近期勘察时又发现桥头跳车明显,估计该处路基沉陷自建桥后至少有20cm。

9.3.3 原结构复算

1)结构复算依据

(1)上部构造:装配式钢筋混凝土五梁式T形梁,$L=20\text{m}$,钢板支座,双车道,通航,上部结构总重1 743.1kN。

(2)设计荷载:汽-20级、挂—100(即现行标准中的公路—II级)。

(3)材料:台帽旧200号钢筋混凝土$\gamma=25\text{kN/m}^3$;台身基础采用旧75号浆砌片石$\gamma=25\text{kN/m}^3$;台后填土$\gamma=17\text{kN/m}^3$,土壤内摩擦角$\varphi=31°$,摩擦系数$f=0.4$。

(4)桥台尺寸见图9-7。

(5)复算项目:恒载、主动土压力计算;稳定性、地基承载力复算。

2)计算模型的选择

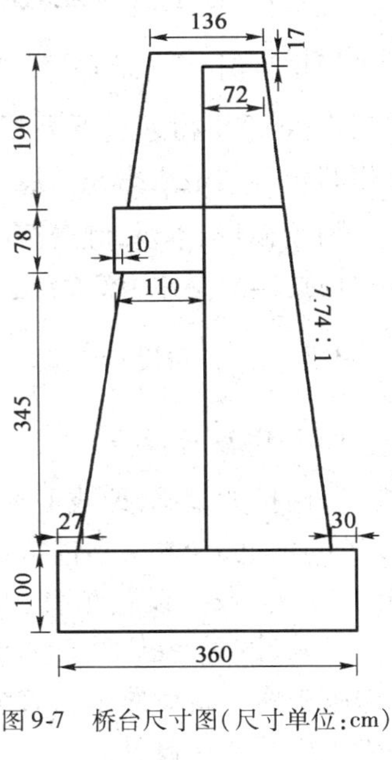

图9-7 桥台尺寸图(尺寸单位:cm)

按常规U形扩大基础重力式桥台计算模型分别对地基及

基础的应力、沉降和稳定性进行验算。

3）计算结果分析

由于桥台加固时需要基坑开挖，台后土压力卸载，故可以认为加固后的桥台作为整体承受除自重力外的其他荷载。

（1）荷载计算：

竖向力：$N=5\ 267.4\text{kN}$（包括基础以上土的自重力）

对基底前缘力矩：$M=10\ 357.3\text{kN}\cdot\text{m}$，$L_N=1.966\text{m}$

（2）无车辆荷载时后台水平主动土压力（朗肯公式）：

$E_n=137.4\text{kN/m}$，距基底 $C=2.38\text{m}$

（3）有车辆荷载（汽—20 级）时后台水平主动土压力：

$E_H=168.2\text{kN/m}$，距基底 $C=2.59\text{m}$

（4）荷载组合：

$\sum M=168.2\times2.59-526.74\times(1.966-3.6/2)=348.2\text{kN}\cdot\text{m/m}$

$\sum N=526.74\text{kN/m}$

（5）基底应力偏心距：

$e_0=\sum M/\sum N=348.2/526.74=0.66m>B/6=0.6\text{m}$（不满足要求）

（6）倾覆稳定性：

$k_0=r/e_0=1.8/0.66=2.73>1.5$（安全，不会发生倾覆）

（7）滑移稳定性：

$K_c=f\cdot\sum N/\sum E_H=0.4\times526.74/168.2=1.25<1.3$（可能会滑移）

（8）基底应力：

$$\sigma_{\min}^{\max}=\frac{\Sigma N}{A}\pm\frac{\Sigma M}{W}=\frac{526.74}{3.6}\pm\frac{348.2}{2.16}=\frac{+307.5}{-15}\text{kPa}>200\text{kPa}\text{（基底承载力不够）}$$

9.3.4 基于检测结果的桥梁现状评价

根据当时行业标准《公路桥涵地基与基础设计规范》（JTJ 024—85）第 3.3.3 条规定，墩台的沉降（cm）不得超过下列规定：墩台均匀总沉降值（不包括施工中的沉降）$2.0\sqrt{L}$。其中，L 为相邻墩台间最小跨径长度，以 m 计；跨径小于 25m 时仍以 25m 计算。

因此，对于本桥，墩台沉降容许极限值为 $2.0\ \ =2.0\times\sqrt{25}=10\text{cm}$。

根据实测结果，该桥台已发生不均匀沉降，且超过了容许极限值，必须采取加固措施。

9.3.5 加固设计方案

1）加固设计要点

采用扩大基础，改成 U 形基础，设置侧墙。在路基两侧分步开挖至基底下 50cm，打入 2 ~ 3m 长的木桩，在木桩顶铺垫 25cm 厚的碎石，浇筑 C20 混凝土基础，将原基础接长成 U 形，每侧约 3m 宽，其上设置侧墙（埋于路基内），以扩散基底应力。

另外，该桥台已下沉 11cm，在抬高主梁以后，其上活动支座不再利用，除去并加高台帽，换成橡胶支座。台后路基已有沉陷，抬高主梁后必须加铺台后路面，以保证行车平顺。桥台上的裂缝采用灌浆法修补。

2）加固计算

（1）恒载计算：

竖向力：$N=6\ 280.9\mathrm{kN}$（包括基础以上土的自重力）

对基底前缘力矩：$M=1\ 639.2\mathrm{kN\cdot m}$，$L_N=2.61\mathrm{m}$

（2）无车辆荷载时后台水平主动土压力（朗肯公式）：

$E_H=137.4\mathrm{kN/m}$，距基底 $C=2.38\mathrm{m}$

（3）有车辆荷载（汽—20 级）时后台水平主动土压力：

$E_H=168.2\mathrm{kN/m}$，距基底 $C=2.59\mathrm{m}$

（4）荷载组合：

$\sum M=168.2\times2.59-628.09\times(2.61-2.197)=176.7\mathrm{kN\cdot m/m}$

$\sum N=628.09\mathrm{kN/m}$

（5）基底应力偏心距：

$$e_0=\frac{\Sigma M}{\Sigma N}=\frac{176.7}{628.09}=0.281\mathrm{m}<\rho=0.485\mathrm{m}\text{（满足要求）}$$

（6）倾覆稳定性：

$$k_0=r/e_0=\frac{2.197}{0.441}=4.98>1.5\text{（安全，不会发生倾覆）}$$

（7）滑移稳定性：

$$K_c=f\cdot\sum N/\sum E_H=0.4\times\frac{628.09}{168.2}=1.49>1.3\text{（安全，不会发生滑动）}$$

（8）基底应力：

$$\sigma_{\min}^{\max}=\frac{\Sigma N}{A}\pm\frac{\Sigma M}{W}=\frac{628.09}{5.1}\pm\frac{176.7}{2.47}=\frac{+194}{+51}\mathrm{kPa}<200\mathrm{kPa}\text{（满足要求）}$$

3）加固设计方案比选

（1）桥上伸缩缝清理后进行加固处理。

①在台前搭设承重支架，安装顶升主梁的千斤顶。

②将桥台背墙外侧凿开 20cm（施工过程中为防止各梁错动，可临时用木楔塞住凿开的间隙，各梁端均打开后再撤除），并对背墙、翼墙上裂缝进行压浆修补。

③顶升主梁，使梁处于水平位置。

④拆除支座摆柱，立模现浇或预制安装 30cm 左右厚度的加厚台帽及垫石。置以 5 ~ 6cm 高的橡胶支座，其上仍利用原梁上支座钢板。

⑤立模现浇背墙凿开部分及加高背墙顶，留好伸缩缝位置。

⑥台上设置聚氨酯伸缩缝。

（2）台后加固处理方案。

①改成 U 形基础，设置侧墙（方案一）：在路基两侧分步开挖至基底下 50cm，打入 2 ~ 3m 长的木桩，在木桩顶铺垫 25cm 厚的碎石，浇筑 C20 混凝土基础，将原基础接长成 U 形，每侧约 3m 宽，其上设置侧墙（埋于路基内），以扩散基底应力。

②灌注混凝土加固（方案二）：在台后 5m 左右范围内用钻机打梅花孔，深至桥台基底，孔距约 40 ~ 50cm，然后灌注混凝土，使台背土壤取得一定程度的固结和增加内摩擦角，从而减少土压力。

经过综合比较,选用方案一,见图9-8。

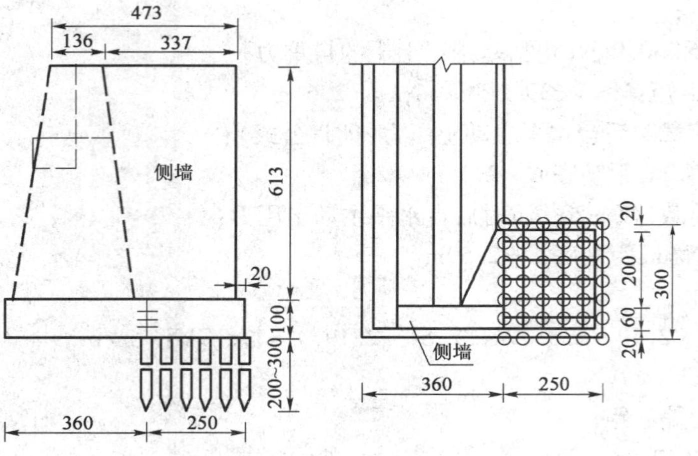

图9-8 方案一 加固示意图(尺寸单位:cm)

9.3.6 施工工艺要点和要求

1)桥台侧墙设置

为维持交通,两侧侧墙及基础分别施工,保证施工期内有半幅路基可以通车。施工时应设置行车警戒线,派专人指挥施工地段,车辆在警戒线内通行。

基坑开挖应选择无雨天气,施工时确保边坡稳定性,且速度要快,尽量缩减一边深基坑一边半幅路基通车的时间,同时基底土壤应严格控制不允许扰动。基底加小木桩,主要目的是挤密土壤,提高承载力,如开挖后承载力在200kPa以上可不加木桩。为加强侧墙与原墩台的联结,新加混凝土基础用钢销与原砌体联结起来;同时将原墩身对应于新加部分的一面拆除表层的一部分石块,然后再砌新砌体,使新旧砌体犬牙交错,互相咬紧。这样,就可以达到增大桥台基础面积,提高桥台承载力的目的。加固后侧墙与原桥台联结在一起,则增加了竖向承压面积,又由于侧墙的自重而增加了抗水平推力的摩阻力。

回填土仍用原路砂性土,必须分层洒水夯实。基坑回填完成后再铺筑桥头路面。

2)顶梁支架搭设

顶梁支架应确保牢固,每片主梁下应能支撑250kN以上的重量。千斤顶安装应稳妥可靠,宜选用顶升力为200~250kN千斤顶5台,每梁下设置一台;且应在确定千斤顶型号尺寸后再搭设支架,控制支架顶面高度。

3)打凿桥台背墙

按设计图在桥台全宽范围内打凿背墙。为维持正常通车,缝上可设专用跳板。

4)顶升主梁

顶升高度约11cm,以水准仪控制,顶至使第一孔梁水平为止。

顶梁前应做好支架安全检查,并对千斤顶进行检验,千斤顶与主梁接触处应垫以硬木等分散集中力,并准备好各梁端楔块及顶升垫块以及恢复交通用的专用跳板。准备就绪后宜进行一次试顶,以确定顶升程序及检查观测人员,然后方可顶升。顶梁时应暂时中断交通。

顶升过程中各千斤顶应力求同步，避免主梁隔板焊缝及附近混凝土开裂。顶升至设计高度后，各梁下应立即设置好垫块；然后松顶，使主梁平稳地搁置于支架垫块上；然后在每片梁与台帽背墙间及时嵌入木楔，使主梁垫块不致承受过大的行车水平力；最后架上专用跳板开放交通，但须限制在第一孔上车速不得超过5km/h，且严禁制动。

5）拆除原活动支座

割去支座齿板，拆除摆柱，上下垫板仍留原处。

6）现浇台帽及背墙

应严格掌握捣实混凝土质量，为缩短支架通车时间，混凝土中可加入早强剂。在混凝土强度达到70%时即可安放支座进行落架。

7）落架

将橡胶支座安放就位后，除去梁端木楔；再次用千斤顶顶梁，拆下支座垫块。逐次循环松顶，使主梁安放在橡胶支座上。

8）安装伸缩缝

装设台上聚氨酯伸缩缝，伸缩缝槽钢用锚固钢筋固定。

9.4 U形桥台扩大基础维修加固实例

9.4.1 桥梁概况

某跨线桥下部结构为U形桥台扩大基础，台高9.8m，基础宽11m，长9m。1978年底建成并架设钢梁和铺设钢筋混凝土桥面。

9.4.2 桥梁主要病害

1979年3月进行台背填土。当填土到3m时，发现北桥台基础发生严重的不均匀沉陷，至1981年3月对桥台基础进行加固前为止，桥台前墙左角累计下沉46mm，右角下沉44mm，台尾左角下沉112mm，右角下沉106mm。由于桥台向后倾斜，致使桥台胸墙与桥面的伸缩缝增大，由施工完毕时的7.5mm扩大至210mm，支座锚固螺栓被拉弯。基础的地质情况如图9-9所示。

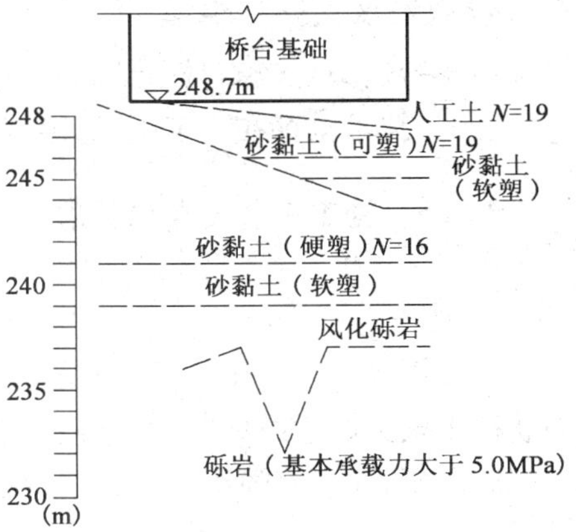

图9-9 北桥台基础地质情况示意图

9.4.3 桥梁现状评价

根据当时行业标准《公路桥涵地基与基础设计规范》（JTJ 024—85）第3.3.3条，墩台的沉降（cm）不得超过下列规定：墩台均匀总沉降值（不包括施工中的沉降）$2.0\sqrt{L}$。其中，L为相邻墩台间最小跨径长度，以m计；跨径小于25m时仍以25m计算。

因此，对于本桥，墩台沉降容许极限值为$2.0\sqrt{L}=2.0\times\sqrt{25}=10$cm。

根据实测结果,该桥台已发生不均匀沉降,且超过了容许极限值,必须进行加固。

9.4.4 加固设计方案

1)加固设计要点

由于在桥台基底下10m左右有一承载力很高的砾岩地层,容许承载力大于5MPa,因此按柱桩进行加固设计。单桩承受的最大荷载由桩体强度决定。

(1)估算原有地基极限承载能力。

(2)确定加固前地基实有平均压应力。

(3)对现场土壤进行配方试验:现场旋喷试验的固结体强度均大于2.5MPa,故设计时取2.5MPa。

(4)求桩的总面积,取安全系数取 $K_1=2$。

(5)试验表明,采用新配备的设备和旋喷工艺。

(6)加固后桥台成为分期受力的复合地基。经计算,桥台在最不利荷载作用下基础有1.23的安全系数,满足加固要求。

(7)孔位布置。

由于桥台顺线路中线是轴对称的,故每侧布置10根。由于桥台台尾沉陷较台前大,故旋喷孔在桥台后部较前部略多。除在两侧襟边布孔外,还在U形桥台中央底板较薄处布置6孔,如图9-10所示。每个固结体的长度则根据各孔的基岩高程决定。浆液用量亦可根据有关资料进行估算。

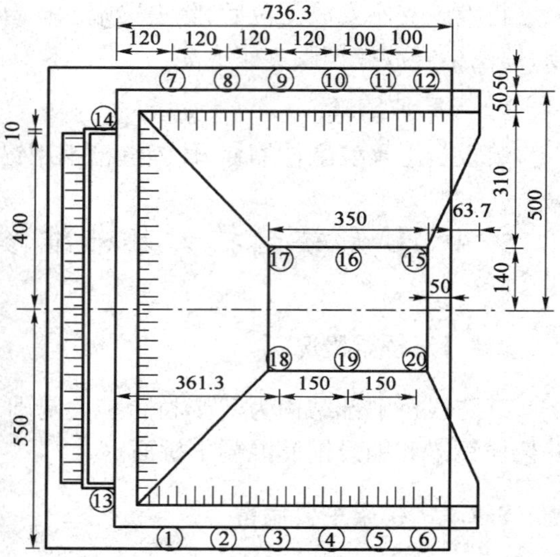

图9-10 旋喷孔布置示意图(尺寸单位:cm)

2)加固设计方案比选

由于台后填土较高,桥台四周附近又有房舍和铁路,施工场地狭小,若采用换填或扩基等方法加固,技术上存在一定困难,经济上也不尽合理,最后决定采用旋喷法进行加固。

9.4.5 施工工艺要点和要求

1)施工工艺要点

本加固施工有两个特点:一是使用了二重管旋喷工艺,在标准贯入度IV值较大的砂黏土中获得了较大的固结体;二是直接对桥台基底和襟边以下的土层进行旋喷加固。这样既扩大了基底面积,又使旋喷固结体和桥台地基联成一体,在桥台基础的下面形成一个承受力的旋喷桩群。

旋喷注浆法的操作要点见本章9.1节相关内容。

2)主要施工机具及技术参数

(1)施工机具:

XJ-100型地质钻机 1台

SNC-H300 型黄河水泥注浆机　　1 台

Y-1 型电动液压注浆泵　　1 台

76 型振动钻　　1 台

另外,现场需配备应急修补用小型电焊机、氧乙炔焊具和钳工用具等器材若干。

(2)旋喷技术参数:

喷嘴直径:2.5mm 及 3.2mm(共 2 个)。

喷射压力:20MPa 左右。

旋转速度:20r/min。

提升速度:0.12 ~0.2m/min(若冒浆量大时可采用较快的提升速度,一般均为 0.12m/min)。

3)施工场地布置

因桥台地方狭小,宜顺路堤纵列式布置,留出通道便于施工机具和材料运送。地质钻与振动钻均置于钢轨排架上,放在桥台的一侧施工,水泥注浆车则放在另一侧。当一侧施工完后,注浆车开上桥面,将轨排拨向另一侧,再将注浆车退至空出的地方。

9.4.6　加固效果评价

由于基础岩面起伏大,局部土层松软,有些地方空隙较大,甚至存在小范围的空洞,旋喷施工时不但每孔旋喷深度相差较大,而且用浆量亦有相当大的出入。如桥台西第 18 号孔旋喷长度为 15.9m,注浆量约 $28m^3$;桥台西北第 12 号孔旋喷长度为 11.5m,注浆量 $16m^3$;而台前第 1 号孔旋喷长度为 8.85m,注浆量 $3.5m^3$。所有施工孔位均有冒浆情况发生,18 号和 12 号孔起初不冒浆,后来才逐渐开始少量冒浆,可见在 18 号孔和 12 号孔附近存在有较大空隙的土层或局部空洞,在这些地方除了形成旋喷桩的固结体外,水泥浆还填充固结了土层周围的空洞和孔隙。相反,在桥台前 1 号孔处土层覆盖厚度较浅土质又较密实,注浆量相对较少。

本桥台自 1981 年 6 月旋喷注浆施工结束后通车,经过两年的雨季考验,一直未发现有下沉迹象,使用正常,说明使用旋喷注浆技术对该桥台地基进行加固是成功的。

【思考题】

1. 人工地基加固法有哪些常见方法?
2. 旋喷注浆法的主要特征是什么?
3. 旋喷注浆工艺有哪几种类型?
4. 扩大基础加固法的施工顺序是怎样的?
5. 钢筋混凝土套箍和护套加固法有何区别?
6. 如何评定地基加固的效果?

参考文献

[1] 谌润水,胡钊芳,帅长斌.公路旧桥加固技术与实例.北京:人民交通出版社,2002.
[2] 王有志.桥梁的可靠性评估与加固.北京:中国水利水电出版社,2002.
[3] 杨文渊.桥梁维修与加固.北京:人民交通出版社,1997.
[4] 叶见曙.桥梁技术改造.北京:人民交通出版社,1991.
[5] 高速公路养护管理编委会.高速公路养护管理.人民交通出版社,2001.
[6] 刘来君,赵小星.桥梁加固设计与施工技术.北京:人民交通出版社,2003.
[7] 刘真岩,周建斌.旧桥维修加固施工方法与实例.北京:人民交通出版社,2005.